# 逻辑思维提高训练营

## 烧脑好玩的224个侦探推理

任利红 / 主编

中国法制出版社
CHINA LEGAL PUBLISHING HOUSE

**图书在版编目(CIP)数据**

逻辑思维提高训练营：烧脑好玩的224个侦探推理 / 任利红主编. —北京：中国法制出版社，2020.4

ISBN 978-7-5216-0869-4

Ⅰ.①逻…　Ⅱ.①任…　Ⅲ.①逻辑思维　Ⅳ.①B804.1

中国版本图书馆CIP数据核字（2020）第024678号

策划编辑/责任编辑：吕静云（lvjingyun0328@sina.com）　封面设计：李宁

**逻辑思维提高训练营：烧脑好玩的224个侦探推理**

LUOJI SIWEI TIGAO XUNLIANYING：SHAONAO HAOWAN DE 224 GE ZHENTAN TUILI

主编 / 任利红

经销 / 新华书店

印刷 / 三河市国英印务有限公司

开本 / 880毫米 × 1230毫米　32开　印张 / 7.75　字数 / 164千

版次 / 2020年4月第1版　2020年4月第1次印刷

中国法制出版社出版

书号ISBN 978-7-5216-0869-4　定价：39.80元

北京西单横二条2号　邮政编码100031　传真：010-66031119

**网址：http://www.zgfzs.com　编辑部电话：010-66034985**

**市场营销部电话：010-66033393　邮购部电话：010-66033288**

（如有印装质量问题，请与本社印务部联系调换。电话：010-66032926）

# 前言

当前，随着一系列悬疑推理剧的热映，推理成为一个网络热词，悬疑推理剧不仅剧情吸引人，剧中人物的高智商及强大的推理能力也让人惊叹。面对出乎意料的凶杀、毫无破绽的现场、消失无踪的凶器等一个个错综复杂的谜题，推理高手总能在一片迷雾中找到突破点，以高智商在正义与邪恶的对决中成为最后的赢家。

事实上，作为一项富有趣味性和挑战性的脑力游戏，推理并不神秘，小到数学题的解答，大到复杂案件的侦破，推理无处不在。推理也并不难学，只要愿意，人人都可以是出色的推理高手。

推理的成功建立在强大的推理能力基础上。所谓推理能力，就是细致入微的观察能力、缜密的分析能力、高超的归纳能力、别具一格的逆向思维能力、快速的反应能力、对人心的准确把控力、透过现象看本质的洞察力等一系列能力的总和。

本书从经验推理、科学推理、趣味推理、发散推理、逆向推理、数学推理、时间推理等七个方面，精选了几百个烧脑又好玩的迷案，以案例和分析相结合的形式，将多种知识融会贯通、深入拓展，能够让你在轻松阅读的同时强化自己的逻辑思维，培养自己在繁杂中抽丝剥茧的敏锐眼光，锻炼自己的推理能力。

阅读本书，是训练脑力、开启心灵、启发智慧的过程，亦是提升自己发现问题和解决问题能力的过程。

读毕本书，你将突破固有的思维瓶颈，获得新的看问题的方式！

# 目录

## 第一章　经验推理：从常识推导出案件真相

## 第三章　趣味推理：找出逻辑中存在的漏洞

## 第四章　发散推理：发挥想象力，突破思维迷障

**第五章 逆向推理：反向思考，寻找线索**

## 第六章　数学推理：看破数字与数字间的关联

## 第一章

# 经验推理：从常识推导出案件真相

# 1. 热带鱼的“证词”

## 【案件回放】

在一个下着大雪的夜里，城市的一条小巷里发生了一起凶杀案。警方通过排查找到了一名男性嫌疑犯，但他坚持声称自己在案发当晚的11点钟正独自在家休息。他这样说道：“昨晚大约9点的时候，我家就停电了，壁挂炉停止了工作，屋里变得很冷，我只好早早上床睡觉。今天早上我出门的时候才知道是电闸松了，于是我赶紧把它修好了。这一晚上我都在家休息，哪里都没去过。”

一名警察为了验证他的证词，到他家中调查。调查了一番后，警察的目光落在了一个大玻璃鱼缸上，鱼缸里有几条颜色鲜艳的热带鱼正在自由自在地游动。警察思索了一下，马上判断嫌疑犯在撒谎。那么，警察是如何知道这一点的呢？

## 【推理分析】

根据常识可知，热带鱼是一种对温度极为敏感的生物，如果温度不适宜，马上就会死亡。可是嫌疑犯声称壁挂炉一整晚都没有供暖，那么室内温度就会变得很低，热带鱼也就无法正常存活，这与警察看到的场景是矛盾的。所以警察从常识出发进行推理，得出了嫌疑犯撒谎的结论。

## 2. 现场的饭菜

### 【案件回放】

冬天的一个傍晚，一名男子打电话报案称在家遭到匪徒袭击，自己的女朋友出事了。警察到场后对现场进行了仔细勘查，发现房间门窗都开着，室内一片凌乱，到处都是散落的物品和破碎的瓷片。房间的桌子上摆着一些菜肴，其中有几盘完好，甚至还冒着微微热气，摸上去还是温热的，而其他的则已经洒了出来。受害人躺在房间中央，一把水果刀插在她的胸口。男子神情痛苦地道："两个小时前，我们正准备吃晚饭，因为家里抽烟机出了点故障，所以我们就打开门窗通一下风，谁知道我突然被人打了一下就昏倒了，醒来一看就成这样了。"

警察再次仔细检查了房间的情况，甚至连桌上的饭菜也检查了一番，然后略一思索，立刻明白了真相。那么真相到底是什么？

### 【推理分析】

按照常识，大冬天里，在房间通风的情况下，饭菜很快就会没有热度。按照男子的说法，他两个小时前就昏倒，不可能中途醒来加热饭菜，而匪徒更不可能这样做，所以，警察根据这一常识很快就判定，男子是在说谎。所谓的匪徒根本就是不存在的，男子的说法就是为了掩盖自己的犯罪事实。

## 3. 隐形眼镜的秘密

【案件回放】

深夜，一辆小轿车在自家小区一条较为偏僻的路上行驶的时候，不慎撞到了一辆摩托车，摩托车手当场被甩出去很远。轿车车主下车查看的时候发现对方已经昏迷了。同时，他发现附近没有监控。为了掩盖事实，轿车车主将摩托车及摩托车手一起转移到了离小区很远的一条街道上，并制造了摩托车手撞上路边柱子身亡的假象，最后将防风镜、钱包等死者随身携带的物品扔进了河里。

第二天，死者被第一个路过的人发现。警方检查后，发现死者戴着隐形眼镜，于是断定现场必定是伪造的。

警方为什么这样认为?

【推理分析】

一般而言，戴隐形眼镜的人在骑摩托车的时候会戴上防风镜，以免风刺激眼睛引起流泪或者严重不适。而死者戴着隐形眼镜，身边有摩托车，却没有任何可供防风的物件，所以死者是在不自主的情况下被带到现场的。

## 4. 伪造的照片

【案件回放】

一位博主声称自己偶然间拍到了一个惊人的事件—— 一个女子

坠楼而亡，并将该照片上传到了个人微博上。照片上，一个男孩儿正低着头坐在书桌前画画，桌上的灯将房间照得明亮而温暖，书桌后面窗外的一片黑暗中，一个美丽的身穿红裙的女子的身影从空中坠落。

人们被这张照片所震惊，纷纷探讨照片中的女子到底因何故放弃生命。但另一位博主却在仔细查看后指出，该照片是伪造的，分明是有人哗众取宠。人们对他的说法感到非常惊讶，那么，这位博主为什么说该照片是伪造的呢？

**【推理分析】**

从常识的角度来说，如果隔着窗玻璃的话，暗处的人们可以看到明亮的室内的情景，而身处明亮的室内的人们则看不到黑暗的室外的情景，只能从窗玻璃上看到室内的情景。而这张照片上，当时的室内光线比室外亮得多。摄影师是不可能清楚地拍到坠楼女子的身影的。由此，博主得出了该照片系伪造的结论。

## 5. 嫌犯被误杀之后

**【案件回放】**

警方在抓捕一个大型盗窃团伙时，团伙中的大部分人已经投降，小部分核心人员激烈抵抗，并有几人逃脱。一位年轻的警察在冲突中开了枪，背对着他的一名已经投降的嫌犯中枪倒下。抓捕行动结束后，该嫌犯已经因胸口枪伤严重去世。该嫌犯的死引起了很大的争议，有人认为要追究这位年轻警察的过失杀人罪。但警方发布了详细的公告，宣告该警察无过。那么为什么嫌犯被误杀，而年轻警察却无过呢？

【推理分析】

众所周知，子弹不会拐弯。在嫌犯背对警察的情况下，嫌犯的中枪部位就不可能是胸口，而只能是背部或后脑。所以，该嫌犯的死并不是这位警察造成的，而是他人所为，自然不用追究警察的责任。

## 6. 戴墨镜的男人

【案件回放】

一个寒冷冬天的傍晚，有人向警方报案说自己的丈夫被人枪杀。警方赶到现场后发现报案人正站在门口着急地等待着，她的丈夫躺在一片血泊中，中枪部位在额头正中，而房间暖气开得很足，厨房里正在煮着食物，房间里热气腾腾的。警方向报案人了解情况，报案人说：“刚才我们俩正在准备晚饭，一个戴着墨镜的男人突然撞开门跑进来，我们还没有反应过来，那人就对准他的头开了一枪，然后立刻跑了。我们根本不认识那人，我都不知道这到底是怎么回事。”

警察听完马上指出：“你撒谎的技术一点都不高明，其实，你就是那个凶手，说说吧，你为什么要这么做？”警察是怎样识破报案人的谎话的呢？

【推理分析】

戴眼镜的人都知道，在寒冷的冬天，刚从室外进入温暖潮湿的室内，眼镜上会马上凝一层水雾，隔着水雾根本无法看清楚周围的人。在本案中，房间里非常暖和，而且正在煮食物，水汽充足，很容易使闯入者的墨镜镜片上蒙上水雾。而该案的报案人的说法——戴着墨镜的人闯进来对目标准确地开枪——与这个常识相反，所以，该报案人很明显是在说谎。由此，警方自然会将报案人列为第一嫌疑人。

## 7. 河里的浮尸

【案件回放】

警方接到报案，在一座桥下的河里发现了一具浮尸（女性）。警察赶到现场进行一番勘查后，开始对当时在周围的人们进行询问，但由于人们对于这具尸体都一无所知，警方没有找到任何有用的线索。正在人们一筹莫展的时候，有个男子骑着自行车经过这里，看到聚集着很多人，就停下来看热闹，了解了事情原委后，这名男子向警方提供了这样一个信息："半个小时前我从这里经过去银行办业务的时候，看到这个女孩在桥上站着，当时没发现有什么异常，就没当回事，没想到发生了这样的事。"警方听完他的话却认为他在撒谎，这是为什么？

【推理分析】

按照常理来说，人在溺水的情况下是没有办法控制水进入体内的，大量的水进入人体的结果就是在刚刚去世的时候人体是会沉到水下的。而该案中，警方发现的是浮尸，也就是说死者已经去世一段时间。按照男子的说法，他刚才才看到这个女孩站在桥上，而这么短的时间内，女孩跳河后尸体根本就不可能漂浮起来。这显然与常理不符。所以，警方可以对他进行合理怀疑。

## 8. 营业款被抢

【案件回放】

一天夜里10点多时，警方突然接到一家便利店的报警电话：“我们这里被抢劫了！”

警方接警后马上赶往出事便利店。到了便利店，报警人正等在门口：“你们可来了！今天晚上老板有事先走了，换班的人也马上就来了，这条街不知道为什么突然停电了，我准备去打开备用电源，突然有人闯进来，拿刀架在我脖子上，逼着我打开了收银机，然后拿走了今天的营业款，大概有五万元。”

警察问：“你看到闯进来的人长什么样了吗？”

报警人：“有一个人脸的左边有一块胎记。我看得很清楚。”

警察：“你确定？”

报警人：“我确定，他当时打着微型手电，那块胎记很明显，一眼就能看到。”

警察严厉地说：“你这是贼喊捉贼吧？请你跟我们走一趟吧。”

报警人强硬抵抗，怒斥警方不去抓贼，反而冤枉自己，但等警察说出原因后，他只好交代了事情的真相。你知道真相到底是什么吗？

**【推理分析】**

从常识来说，只有被光线照到的地方才能被看到，而微型手电的照射范围非常有限，只有被照射到的范围才能够被看到，所以在停电后一片黑暗的情况下，突然被微型手电照到的报警人是没有办法看清楚贼人脸上的胎记的。警察正是从这个经验出发，识破了报警人话语中的漏洞。

## 9. 被留下的手提包

**【案件回放】**

夜半时分，一名男子提着一只黑色的手提包到警察局报案，说自己被抢劫了。男子明显喝了酒，眼睛通红，但警察向他询问具体情况时，男子非常冷静地说道："我晚上从银行取了15万元钱装在这个包里，这是今天下午才凑够的，打算第二天去女友家提亲用的。取完钱，朋友打电话找我吃饭，我就去了，吃完饭出来已经是晚上十点多了。我想着离家不远，就打算走着回去，结果走到小区后面的树林边的小道上，突然有个人跑过来抢走了我的手提包，拿着里面的钱就跑了，就给我留下了这个空的手提包。这可怎么办？"

警察仔细看了看那个手提包，问："那条路上有路灯或者监控吗？"

男子摇摇头："没有，那条路非常黑，我也是想着那条路近，才走的那儿。"

警察又问："你跟别人说过取钱的事情吗？"

男子再次摇头："没有，我没跟别人说过。"

警察冷笑着说："你的撒谎技术不高明，说说吧，到底怎么回事？"

男子的脸色变了变，还试图狡辩，等警察说出了理由，男子只得低下了头。

**【推理分析】**

从常理来说，其一，提亲的钱被抢了，受害者不可能心平气和；其二，对于劫匪来说，最方便的抢劫方式是直接抢过包跑掉，根本不会慢悠悠地打开包、掏出钱，再将包给被劫者留下，毕竟拖的时间越长，对劫匪越不利；其三，在黑漆漆的路上，提在手中的黑提包并不引人注意，而劫匪之所以选择出手很可能是知道男子取钱的事情，也就是熟人作案。综上所述，警察基于没有人知道男子包里有大量钱、费劲拿走钱却留下包、事发地黑暗这三个前提，推断出男子是在说谎。

## 10. 旅行车里的枪杀案

**【案件回放】**

度蜜月期间，警察小陈和新婚妻子与其他一些不相识的人组团去旅行，目的地是一个风光秀丽的山间林地。途中有一段少有路人的山路，路面坎坷不平，车也随之东摇西晃。正当人们烦躁不安的时候，却突然听到一声枪响，独自坐在最后排的一名旅客胸口中枪，歪倒在座位上。车上马上混乱起来。

小陈立刻打电话报了警，并亮出身份，安抚了骚动的乘客，然后开始检查现场。死者的血液还在流，从伤口状态来看，车上一共有三个人疑点较大。

第一个人是死者的女友："我们本来是打算出来旅行一段时间，看看接下来要不要分手的，所以我一上午都在考虑这件事，一点都没有注意到有人开枪，枪响起来的时候我也被吓了一跳。真是，没想到发生这样的事，早知道这样，我绝对不来。"

第二个人是坐在死者右前方的男子，他拿出一些写得工工整整的明信片："我当时正在低着头给朋友写明信片，他喜欢收集各地的明信片，我上车前找了一些比较特别的，在车上写好，下车找个地方就可以寄出去了，所以根本不知道后面到底发生了什么。"

第三个人是一名中年女子："我有点晕车，这车颠得我都要吐出来了，只盼着赶紧走过这段路，哪里还顾得上别的。"

事实上，从位置上来看，这三人都有可能作案。但等当地警察到了以后，小陈直接向警方说出了自己心中的凶手。你认为凶手是这三人中的哪一个？

**【推理分析】**

在异常颠簸的车上，人根本就没有办法写出工工整整的字体，所以，在这三个人中，第二个怀疑对象也就是坐在死者右前方的男子在撒谎。

# 11. 窗帘后的玻璃碎片

【案件回放】

下午3点钟，家住一楼的何文慌慌张张地跑来报警说自己的女朋友被人杀了："我下午1点多的时候出门去办事，出门的时候我女朋友正准备睡午觉。她睡觉比较怕吵，所以我就帮她把窗户关上，并把窗帘拉上，看着她躺下才出了门。结果，等我回来的时候，她已经遇害了。"

警察查看了现场，房门没有被撬的痕迹，房间里打扫得干干净净，除了何文和女友外没有第三个人的痕迹，厚厚的窗帘还拉着，一扇窗玻璃被打碎了，玻璃的碎片散落在地板上，连离窗户一米多远的床上都有碎玻璃片。死者躺在床上，赤裸下身，窒息而亡。看完现场，警察马上将何文带走审讯。不出所料，何文因为与女友之间的感情问题将女友捂住口鼻致其死亡，之后又伪造了杀人现场。那么，警察是如何识破谎言的呢？

【推理分析】

有些生活常识的人都知道，当窗帘尤其是较厚的窗帘遮着窗玻璃时，一旦玻璃破碎，窗帘会拦住玻璃碎片的迸射，使其仅仅散落在窗帘内部的地板上，而不会散落得到处都是，更不要说是离窗户一米多远的床上。所以，现场的玻璃碎片表明何文在说谎，而他之所以说谎，就是为了掩盖其女友遇害的真相。

## 12. 猝死的真相

【案件回放】

一天上午，安娜从外地出差归来，推开家门，却震惊地发现她的丈夫正伏坐在书桌旁，身下压着一本书，手下一支钢笔没盖笔帽，已经没有了呼吸。据安娜说，丈夫不看书时都会把钢笔盖好。

医生赶到后进行了一番诊断，认为死者是死于心脏病，诱发心脏病的原因不明。

随后警察赶到，马上封锁了现场，并进行一系列勘查：书房很整洁，连灯都没开；厨房的窗子开着，大概是为了通风。与急救医生交流后，警察认为这并非简单的心脏病导致的猝死，很可能隐藏着不可告人的秘密。

于是，警方对整个房间进行了搜索，并对房子周围的监控进行详细调查，很快，他们发现在前一天夜里2点钟左右，有一个身影借着月光鬼鬼祟祟地从窗子翻进了安娜家，没多久又慌慌张张地离去了。进行了更进一步的调查后，他们发现这个身影正是当地的一个惯偷，并审明：由于惯偷的贸然进入，导致正在看书的安娜的丈夫受惊过度引发心脏病，从而发生猝死；惯偷担心引起别人的注意，顺手关掉了灯。那么，警察是根据什么断定安娜丈夫的死亡并非简单的猝死的呢？

【推理分析】

钢笔没盖笔帽，说明死者出事时正在看书。正常情况下，人们在晚间看书时是需要开着灯的。所以如果死者是看书时心脏病发，那么其书房的灯必然是亮的，但警方在现场看到，整个房间都没有开灯，所以死者的死亡必然是由于某种因素所导致的，据此仔细调查下去，自然会发现真相。

## 13. 绑架犯是谁

【案件回放】

某市最大的商贸公司的总经理董某被人绑架了。下午3点钟，绑匪打来电话，要求董某的家人在晚上6点前准备好500万元现金，用快递的形式闪送到×××路××号，并威胁不许报警，否则马上撕票。

董太太闻讯大惊，她深知董某这些年做生意得罪了不少人，所以没有报警，而是四处筹措了500万元现金，封装好后写上地址，交给管家陈某，要求他务必马上寄出去。

半个小时后，管家返回，说自己亲眼看着快递员将快递发出。

董太太心急如焚地在家里等消息。可是，半个小时过去了，绑匪也没有给回信。她发现不对，于是立即报警。

警方接警后很快行动起来，调查了绑匪所说的地址，发现那是一个假地址。随后警方又去了快递公司询问并查阅监控，发现管家确实拎着一个袋子交给了快递员。

随后，警方迅速拘捕管家，并在一个隐蔽的地下室里找到了昏迷的董某。

那么，谁是绑匪呢？

【推理分析】

按照100元的全新的纸币来算，重约1.15克。那么500万元现金就是50000张纸币，其重量就是0.00115×50000=57.5（千克），根本就不是一个人能够拎着交给快递员的。在整个过程中，接触钱的人有管家、董太太、快递员。警方的调查表明管家做了手脚。所以，这整个绑架案就是管家一个人炮制出来的。

## 14. 别墅的闯入者

【案件回放】

住在管理严格的清风别墅区的张先生举家出国旅行了。临行前，他遇到了自己的邻居，聊天时他告诉对方自己要到下个月才会回来。

三天后的深夜，有个贼闯入了别墅。他事先踩过点，知道这家主人不在家，便放心地开了灯，看了会儿电视，还洗了个澡，又从酒柜中拿出一瓶上好的红酒喝了起来。很快，他便醉醺醺地醉倒在沙发上。

这时，门突然打开了，邻居和三名警察站在门外。

请问，警察为什么会来？

【推理分析】

张先生出国前已经告诉了邻居。那么家里的灯突然亮了，一定会引起邻居注意。邻居发现不对便选择了报警。

## 15. 大树下的避雨者

【案件回放】

夏天的一天，雨过天晴，有人在郊区的一棵大树下发现了一具男尸，男尸浑身上下湿透，面色铁青地躺在地上，已经没有了呼吸。

法医检查后说死者死于电击，根据现场情况来看，死者很可能是在大树下躲雨的时候被雷电击中，不幸而亡。警方也认可了这个说法。但他们在调查了死者的身份——一名专业的电力工人以后，马上考虑这并非意外，而是一场蓄意的谋杀。

请问，到底是什么让警方改变了看法？

【推理分析】

是死者的身份。一个专业的电力工人必然对电力常识非常熟悉，包括夏天避雨绝不能站在大树下这样的常识。所以，死者很可能是被人杀害后移尸到大树下的。

## 16. 火车站的意外事件

【案件回放】

一个废弃了的县城火车站附近是很多情侣和孩子都喜欢去的地方。一天下午，一对小情侣正沿着轨道边走边谈论着什么。由于这条铁路线还在使用中，时不时会有列车通过，他们过一会儿便留意一下有没有火车开过来。没一会儿，两人因为周末去哪边父母家发生了争执，随后，争执升级，两人推搡起来。

恰在这时，远处突然传来了火车的轰隆声，但情绪激动的两人谁也没有意识到，直到火车临近眼前，巨大的鸣笛声才惊醒了两人，但为时已晚，男子愤怒中推了女孩一把，女孩顺势倒向轨道。火车呼啸着从她身上驶过。男子惊吓中仓皇离去，并向警方报警说女孩一时想不开卧轨自杀。

他是这样告诉警方的："当时我们都在那儿说话，我坚持说周末的时候去我家，她听了非常生气，又说起以前的一些矛盾，突然火车来了，她转身就扑向火车，我拼命去拉住她，但是火车附近的气流把我推了出来。等我反应过来，她已经身亡了。早知道会这样，我就答应她了，也不会发生这样的事情。"

警察听完他的话，认为其中一定有内情，女孩绝不是自杀。

请问，警方为什么这么认为？

**【推理分析】**

火车高速运行的时候，火车周边的空气流速也非常快，以至于形成狭管效应，降低火车周边的气压，而在离火车较远的地方的气压则更高，以至于过于贴近火车的人会感觉被"吸"进去，而不是被气流推出来。

## 17. 被枪杀的老人

【案件回放】

晚上8时许，小区里只有零散几个人在散步。突然，一声枪声响起，散步的人们吃了一惊，马上向枪声传来的方向跑去。只见一楼一间房屋门前有一位老人背部中枪，头冲外、脚在门里倒在地上。人们马上报了警，警察到达后对现场采取了保护措施，并询问了三名目击者。

第一名目击者：“我在小区里散步，看见这位老人正准备锁门，一听见枪响，就见他倒下了，然后我就马上跑过来看到底是怎么回事。”

第二名目击者说：“我下班后正好经过这里，突然听到一声枪响，吓了一跳，就过来看看发生了什么。”

第三名目击者：“我是听到声音后看到他们往这里跑过来，就跟过来了。”

警察听完目击者的话，马上决定把第一名目击者带回警局审讯。你知道警察为什么这么做吗?

【推理分析】

从常理来说，在背部中枪的情况下，人会出于自然反应倒向前方。在这里，老人背部中枪，头朝向门外面倒下，就说明老人是在反方向上中枪的。根据第一名目击者的说法，老人是正准备锁门时中枪的，那么他必然是面朝门的，倒下的方向也应该是面朝门，头部靠在门上的。此外，人们在散步的时候一般不会关注其他人在做什么，更何况是在光线暗淡的晚上8时许，所以，第一名目击者明确说出老人正准备锁门，只能说明他是在说谎，或者事先已经观察了老人很久。但不管是哪种情况，都反映了一个事实：第一名目击者在说谎，且动机不纯，警察由此做出将其带回警局审讯的决定。

## 18. 现场的脚印

【案件回放】

雨连续下了几天。一天夜晚，警方突然接到报警电话说："基恩农场发生了杀人案，庄园的主人被杀了。"

警方赶到农场，那里干净整洁，虽然一直下雨，通往走廊的台阶上也是干干净净，再往前走，地板上出现一串明显带着泥的脚印。走进房子里，警察先找到报案人了解情况。报案人是死者的妹妹，她说两人正在用晚餐，因为管家请假了、嫂子去了城里，所以她亲自去他们身后的酒架上帮哥哥拿酒，突然有人闯进来开了一枪就跑了。她只看到了凶手的背影，等反应过来去查看哥哥的情况，却发现哥哥已经后背中弹去世了。妹妹边哭边说："从背影看，我觉得是罗蒙，他是我哥哥的一个朋友，他们昨天还因为财务上的事情动了手，我没想到他居然下这样的杀手。你看，这里还有他的脚印，请你们一定要抓住他。"

顺着死者妹妹的指向，警方的确看到一串脚印，这串脚印一直延伸到房间里。仔细观察后，他们却认定这件事很有可能是死者的妹妹所为。这是为什么呢？

【推理分析】

正常情况下，如果是从外面的雨中走到房间里，那么整个通道上都会有脚印，但警方仅仅在通道尽头的台阶上发现有脚印，就说明现场的脚印是伪造的，其目的是嫁祸。

## 19. 窗户上的影子

【案件回放】

暑假期间的一天晚上，还住在大学宿舍的梅朵正坐在窗前努力读书，为不久之后的一场资格考试做准备。桌上的台灯投下温和的光晕，将她的身影静静地投在身后的地板上。突然，一个黑影出现在身后，只听“砰”的一声，梅朵应声而倒。

半个小时后，警方接到一名大学生的报警电话，对方声称：“我在宿舍休息，突然从窗子里看到住在我们这栋楼对面的一个同学的影子一抖，面色痛苦地倒下了，我觉得肯定是出事了，你们快来。”

警方马上赶到现场，发现现场这两栋楼之间的距离有50多米，他们认为这是一场凶杀案。

请问，警方为什么这么认为？

【推理分析】

在台灯的照射下，坐在窗前面向窗子的梅朵的影子是在其身后。落在对面宿舍楼的同学眼中的应该只有梅朵的正脸，而不是影子。另外，在夜间，人的正常视力根本看不到50米以外的人脸上的表情。所以，楼对面的学生的话前后矛盾，破绽百出，显然是故意而为。

## 20. 停车场爆炸案

**【案件回放】**

7月的一个中午，停在停车场的一辆奥迪车突然发生了剧烈的爆炸，不仅车辆损毁，旁边经过的路人也遭了殃，被崩飞的碎玻璃划伤了身体。幸运的是，车主当时不在。

警方调查后发现出事车辆前半部分被毁得比较严重，而后半部分则较轻。车内靠近车头的部位有物品烧焦的灰烬，还有破碎的玻璃瓶。此外，警方还在现场发现了透明的带弧度的玻璃碎片及浓烈的香水味。

后来，警方找车主了解到了一些信息，该车刚刚购买不到一周，交车时多次检查，绝对不会有自燃的可能。

那么，好好的汽车为什么会爆炸呢?

**【推理分析】**

车上有浓烈的香水味和透明玻璃碎片，说明当时车上有瓶装香水。事实上，在天气炎热的时候，经常开车的人往往不会在车上放置玻璃瓶装的香水，因为香水受热，容易发生爆炸；香水里面含有酒精，本身就是易燃物；香水的玻璃瓶在阳光下就像是凸透镜，容易聚集光线，当光线强烈的时候，很容易引发火灾。而该车爆炸就是香水瓶爆炸、起火引发的结果。

## 21. 窗前的遗书

### 【案件回放】

玛利亚的丈夫病了很长时间，虽然丈夫情绪一直非常暴躁，时不时就对玛利亚大吼大叫，但玛利亚还是细致而耐心地照顾着他。

一天早晨，警方接到玛利亚的报案，称丈夫在家自杀。警方赶到现场，发现死者服食了大量的安眠药。自杀现场在书房，死者趴在窗前的书桌上，窗户开着，风将窗帘吹得四处飞扬，桌子上整整齐齐地摆放着一份遗书，上面说自己因为生病已久，对生活已经感到绝望，不愿意再拖累玛利亚，并嘱咐玛利亚照顾好自己。不过，警方经过调查，仍然认为玛利亚的丈夫不是死于自杀。

请问警方是通过什么得出这个判断的？

### 【推理分析】

在大风天气下，窗户开着，那么遗书就不可能“整整齐齐地”在桌子上摆着，所以，玛利亚在对现场的描述上撒了谎，她要么是在掩盖什么，要么是自己参与了整起案件。

## 22. 炸弹怎样引爆

**【案件回放】**

演出结束后，大明星克瑞尔回到家，推开门，来到化妆台前坐下，拧亮台灯，“啪”的一声打开化妆盒。只听一声巨响，桌子上的化妆盒突然发生猛烈爆炸，克瑞尔满脸是血，当场身亡。

警察勘查现场时在化妆盒后面发现了紫色的痕迹和碘的成分。但除此以外，现场完全没有发现火源，也没有发现安装过定时爆炸装置的痕迹，而死者所使用的化妆盒也是她一直使用的。

那么，现场到底是怎样爆炸的呢？

**【推理分析】**

凶手在现场放置了类似于三碘化氮这样的物质。这是一种稳定性很差的化学品，突然出现的强烈的光照或震动，甚至一片羽毛的动静都可能让它发生爆炸。而本案中，克瑞尔拧亮台灯、打开化妆盒的动静恰好就是诱因，所以警方才会在现场发现碘的成分。

## 23. 撒谎的汉克

**【案件回放】**

初秋的一天早晨，汉克6点钟就悄悄起床去车站送别要到外地去的情人。等他匆匆忙忙赶回家，正赶上妻子往桌子上摆早餐。

看到进门的丈夫，妻子一边往餐桌上端牛奶，一边随口问道："这么早，去哪儿了？"

汉克随口掩饰道："我去后花园看了一下昨天弄好的篱笆是不是完好。"

妻子抬头打量了他一下，果断地打断他："你说谎。"

事实上，妻子那天早晨并未看到汉克到底在不在花园。那么，她是怎么发现汉克在撒谎的呢？

**【推理分析】**

是露水。秋天的时候，因为昼夜温差大，早晨的植物上会有大量的露水，经过植物身边的人就会被打湿衣服。而汉克没有去后花园，因为他的衣服和鞋子根本就看不出有水迹。

## 24. 门铃没有响

**【案件回放】**

下午5点钟，外出办完事的妈妈回到家里，发现18岁的女儿尤美被人杀死。死者死于窒息，脖子上有一道明显的掐痕，死亡时间大概在下午2点30分的时候。

警方调阅了尤美及其男友家附近的监控后，发现尤美的男友中午到家里来过，但大概在下午1点的时候，本地区停电了，监控不能工作，所以没有拍到他是否离开。下午2点20分，一名快递员到尤美男友家送快递，但他没有开门。

警方找到尤美的男友，问道："你下午什么时候离开的？"

男友回答："大概2点钟的时候，走的时候，尤美还在听音乐。"

警方问道："快递员来送快递，你怎么不开门？"

男友说："那天这个片区停电，说是为了维修电路。家里没电，所以我没听到门铃响。等我睡醒起来的时候已经下午5点了。"

警方马上断定，对方在撒谎。

为什么？

**【推理分析】**

根据常识，门铃用的是电池，不管家里有没有电都会响。

## 25. 脚印

**【案件回放】**

唐某在一个雪后的夜晚杀掉了愤恨已久、独自住在后街的邻居。为了不使人过早地发现尸体，第二天，天还蒙蒙亮的时候，他穿上邻居的衣服，套上邻居的靴子，戴上大口罩，走过积雪的院子，到外面的早餐店买了早餐。他的身形与邻居相似，虽然靴子比他的脚大很多，不过，他在里面塞了很多棉花，将鞋子撑得满满的，再加上他刻意模仿邻居压低了嗓子说话，常接待邻居的早餐店老板竟然完全没有发现异常。

回到邻居家，唐某将所有的东西都摆在合适的位置，清理了房间里的可疑痕迹后，放心地离开了。

天亮后，来看望父亲的死者儿子发现父亲出了意外，马上报了警。

出乎意料的是，警察来后，两个小时不到，就查出唐某是杀人凶手。

这是为什么?

【推理分析】

即使是在鞋子里塞了棉花，小脚穿大鞋，脚印的轻重、清晰程度也与穿合适的鞋子留下的脚印不一样。有经验的人仔细观察就可以发现雪地上的脚印是有问题的，再加上唐某与死者积怨已久、身形相似，很容易进入警方的视线。

## 26. 撒谎的应聘者

【案件回放】

一名原本在一家小超市上班的女子想跳槽到一家珠宝店去。她向老板介绍说自己以前在一家大型商场的珠宝专柜做过营业员，也专门了解过各种珠宝的常识。老板看了她精心准备的履历，同意了她来上班。上班一个小时后，来了一名顾客。顾客来到她的柜台前，指明要看某款珍贵的珍珠。她便伸手去拿给顾客。顾客看了她一眼，她马上热情地向顾客做了介绍。虽然最后没有成交，但这个开头也让她感到兴奋。不料，顾客刚走，老板就找到她，通知她被开除了。

这是为什么?

【推理分析】

珍珠表面的成分是碳酸钙，最忌讳接触酸性的物质。如果用手直接拿取珍珠，很容易使珍珠被手指上的酸性油脂腐蚀而失去光泽乃至褪色。所以，有经验的工作人员一定会戴上手套去拿取珍珠，正因如此，女子才被经验丰富的老板所识破。

## 27. 雪夜目击者

【案件回放】

大雪的夜晚，有人在某大厦旁发现了一具尸体。根据法医检查结果，死者是高空坠亡，但由于大雪，现场没有留下太多线索。于是，负责该案的陈警官将注意力放在了寻找目击者上。他们先后走访了几十个目击者。这天，他们又找到一个目击者，对方这样说："是这样的，当时我正在外面看雪，你知道，这地方不是年年下雪的。当我看到对面的大厦的时候，发现上面站着一个女人，我正疑惑她怎么站那么高，就见她跳了下来。"

陈警官紧紧盯住目击者，严厉地说："你为什么说谎？"

目击者一听，额头上马上冒出了冷汗。

陈警官是怎样识破目击者的谎言的？

【推理分析】

在夜里，人的视线本就受到很大的影响，再加上大雪，根本就不可能看清楚高楼大厦的顶部到底有什么，更不要说分辨到底是男人还是女人。

## 28. 盲人按摩店的死亡事件

【案件回放】

因电路改造，盲人按摩店停电了。帮最后一位顾客按摩完，店里的按摩师像往常一样向店里的收银台走去，打算整理好物品和顾客一起离开。

第二天，值早班的服务人员在按摩店的大厅发现了按摩师的尸体，旁边放着撬坏了的钱箱，里面空空如也，显然这是一起抢劫杀人案。

不久，警察赶到现场调查。根据店里的流水记录，发现昨天最后离开的是一名中年男顾客，警察便找到男顾客。那名男子说："当时停电了，店里非常黑，我看到他朝收银台走去，怕他摔倒，还特意扶他去拿包，后来我就离开了。"

警察听完却发现了破绽。

你知道破绽是什么吗？

【推理分析】

对于盲人来说，停电与否根本就没有影响，男顾客这样说分明是在混淆视听。

## 29. 丈夫被杀案

### 【案件回放】

圣诞节前一天夜里2点钟，警察接到一个年轻女子的电话说自己的丈夫被人杀了。警察记下地址后，马上套上厚厚的保暖服赶往现场。

到了女子家后，她正站在客厅里等待。女子穿着睡衣，脸上有一个红红的巴掌印，一只手腕也是红的；透过她的睡衣领口，还能看到胸口似乎有青紫的伤痕。见到警察到来，她揉揉眼睛推开门，请警察进去。房间里很暖和，警察一边走一边脱掉保暖服，死者被杀的地点是卧室。死者躺在床上，眼睛瞪大，胸口插着一把水果刀，血染红了被褥。死者生前似乎喝了酒，房间里弥漫着一股浓重的酒气。

卧室里比较冷，床边的窗户开着，警察打了个喷嚏，问女子有没有听到什么动静。

她抽抽噎噎地说："我跟丈夫正在睡觉，然后突然听到'啊'的一声大叫，我吓坏了，猛地坐起来睁开眼睛一看，有个人正从我丈夫身边离开。那人见到我醒了，还狠狠地打了我一下，然后拽着我把我摔到墙上。我疼得快要晕过去了，以为他要杀了我。我害怕地大叫起来，然后那人就从开着的窗户那里跳窗跑掉了。"

警察缩了一下肩膀，呼呼的冬风夹着雪花正往屋里钻。他走到年轻女子的身边，冷漠地说："说假话可不是好事，你还是老实说说当时发生了什么吧。”事实上，女子的确是因为丈夫家暴而在丈夫酒后熟睡时杀了他。

那么，警察为什么会这样说，他的根据是什么？

【推理分析】

在那样寒冷的天气里，如果窗子被打开了，在睡觉的人一定会被冻醒，不可能什么都没有感觉到，所以，女子是在说谎。

## 30. 老布朗之死

【案件回放】

再过一天，老布朗就要从董事长的职位上退下来了，同时，他会宣布新一任董事长的人选。其实，他早就在心里选中了下一任董事长，那就是他的大儿子。在老布朗心里，大儿子精明强干、心地善良，一定会善待其他几个孩子；二儿子喜欢音乐，不是从商的料子；三儿子虽然聪明伶俐，但心胸狭隘，常常为了一点小利益与兄弟们起争执；小儿子是他最宠爱的孩子，但是自从他喜欢上一个门不当户不对的女医生以后，老布朗就将他从候选人名单上除去了。

也正因此，这天晚上，老布朗将几个儿子叫到一起，一为聚餐，二为提前安抚一下没有被选中的儿子。饭菜是儿子们最喜欢的口味，老布朗虽然平时很少吃，不过这天是个重要的日子，他愿意看到儿子们开心。

席间，众人说说笑笑，气氛异常活跃。突然老布朗手捂胸口痛苦地倒在椅子上。心跳加速是他的老毛病了，大儿子掐人中，二儿子去倒水拿药，三儿子扶住父亲，四儿子找来医生。二儿子还没有找到药，家庭医生很快就来了，并给老布朗注射了一针强心针，同时叫了救护车。但遗憾的是，老布朗还是没有挺过去，在救护车上就去世了。

众人都为老布朗的不幸遭遇而难过，感叹他在即将轻松安享晚年的时候出了意外。然而，一位侦探听说这件事以后却认为其中一定有问题。

侦探为什么这样认为呢？

**【推理分析】**

老布朗的确是死于谋杀。根据常识，心跳过速类型的心脏病不能注射强心针，否则就会加重病情，别人可能不知道这一点，但医生不可能不知道。而小儿子叫来的医生一来就给老布朗注射了强心针，所以，老布朗不是死于意外。

## 31. 失窃案的背后

**【案件回放】**

于某下班后发现家里失窃了，她看了一下，除了现金外，结婚时母亲买给她的价值十几万元的金首饰、家里的房产证也都不见了。于某又心疼又气愤，立刻打电话报了警，同时问了在离家只需步行20分钟路程的地方上班的老公常某："你在哪儿？"

虽然两人正在协议离婚，但常某还是表达了关切："公司加班呢，怎么了？"

于某："家里失窃了，快回来。"

常某："我马上到。"

小区旁边就是派出所，所以警察来得非常快，只用了3分钟。

警察先查看了一下现场，门锁没有被撬的痕迹，门口监控也没有拍到可疑人员。

3分钟后常某也到家了。他气定神闲地看了一下房间，便说："辛苦警察同志了，老婆你也别担心了，一定会找到的。"

这时，于某看了一眼老公，然后向警方提出申请财产保护。

请问于某为何要这样做？

【推理分析】

一个人急速奔跑后会心跳加快、呼吸急促、脸色涨红，而这些生理现象是当事人无法控制的。但在本案中，用6分钟的时间走完20分钟路程的常某气息平稳、脸色正常，显然并未奔跑过，也就是说他一直都在附近，那么，如果此案和他无关，他又何必撒谎呢？于某正是意识到了这一点，才认定老公很可能在转移财产。

## 32. 森林深处的呼救声

【案件回放】

守林人托托利用职务之便在一片禁猎的森林里下了捕兽的夹

子。过了几天，他去森林中看是否有猎物中招。不料，当他到达目的地时，却发现巨大的捕兽夹上夹着一个男子。那男子的两条腿被死死夹住了，血浸透了衣服和身下的泥土、枯枝，男子看上去刚刚死去。托托吓坏了，他害怕惹上麻烦，这事如果真的追究起来，他是要负责任的。思前想后，他悄悄反身回到住处，拿起电话通知了警方。他并不担心警方会查到他，因为他当时是戴着手套安放捕兽夹的，而这种捕兽夹是盗猎者经常使用的。

警方询问他具体情况时，他告诉警方："我当时像以往那样去林子里转悠，突然听到那个方向上有人在呼救，我就过去了，等我找到他的时候，他已经死了。我也不敢挪动，就找你们了。"

询问的警察听完这话，奇怪地看了他一眼，然后派人跟随托托去林子里看了死者，并将死者的遗体处理妥当。托托准备离开的时候却被警察拦住了，还被要求交代真实的过程。

警方发现了什么？

**【推理分析】**

人在森林中呼喊的时候，由于传播介质的原因，回声是从四面八方传过来的，所以，听者不可能辨别出声音具体是从哪个方向传出来的。

第二章

# 科学推理：用科学思维玩出推理脑

# 33. 谁偷走了翡翠

【案件回放】

珠宝商人马先生得到了一块名贵的翡翠，他将翡翠封装在一只珠宝盒中，外面用糨糊粘上一张封条，轻易不肯打开。

有一天，有三位客商前来拜访马先生，在他们的再三请求下，马先生同意让他们欣赏一下翡翠。这三人无一例外都对翡翠产生了浓厚的兴趣，想向马先生购买，但都被马先生拒绝了。马先生还当着他们的面将翡翠放回盒子，再重新用糨糊粘上一张封条。

之后，马先生请这三位客商一起用餐，就餐期间这三人分别离开餐厅去上厕所。马先生觉得有些不放心，就找机会离席回去看了看翡翠，谁知翡翠竟然真的不见了。

马先生生气地回到餐厅，询问三人是谁拿走了翡翠，三人都连连摇头说不是自己。幸好马先生脑海中灵光一闪，想到了一个主意。他拿出一瓶碘酒，让三人分别涂在手上。过了一会儿，马先生对着其中一人大声喝道："还不承认吗？就是你偷走了我的翡翠！"那么，马先生怎么知道是谁偷走了翡翠呢？

【推理分析】

这是一道和化学知识有关的推理题。在题目中，马先生用糨糊封装起藏有翡翠的珠宝盒，而糨糊的主要成分是淀粉，淀粉遇到碘酒会变色。偷窃翡翠的人在打开珠宝盒时手上难免会碰到糨糊，马先生又让他们在手上涂上碘酒，此时只要观察谁的手指变了色，就知道是谁偷走了翡翠。

## 34. 自行车前进的方向

**【案件回放】**

两名中学生骑着自行车到一个郊野公园郊游，途中两人走散，学生甲找了很多地方都没有找到学生乙，因为没有手机可联系，甲便决定到公园唯一的门口去等。

学生乙同样找了好几个地方，最后只好放弃，他不确定同伴到底是已经出去了，还是还在园内。想了想，他决定再在园内找找，走到一条通往园门的泥土小路时，他看到小路上的一些痕迹，马上判断出同伴一定是出去了。于是，他很快赶到公园门口与同伴会合。

学生乙是怎样确定同伴的去向的呢？

**【推理分析】**

是通过自行车的车辙。人坐在自行车上的时候，重心是向后移的，所以后车轮的车辙印子比前车轮的更深，学生乙只要判断出哪个是前车辙，哪个是后车辙就知道方向了。

## 35. 生日宴上的中毒事件

**【案件回放】**

这天是安迪老公的生日。中午的时候，她准备了一大桌子丰盛的食物。为了让丈夫尝到最新鲜的口感，她一大早就到菜市场采购，有新鲜的鲈鱼、新鲜的野菜、新鲜的虾，还有最新鲜的黄花菜……一家人热热闹闹地吃了个团圆饭。

当天下午两点钟，安迪一家人却被送进医院，原因是中毒。

安迪一家人为什么会中毒呢?

**【推理分析】**

问题出在新鲜的黄花菜上。因为新鲜的黄花菜中含有大量的秋水仙碱，处理不好很容易使人中毒。

## 36. 发生在汽车上的案件

**【案件回放】**

冬天的清晨，一名富商的妻子打开私家车库准备开车出门，却发现一夜未归的丈夫和其情人死在了自己家的汽车里。丈夫身子半转向窗外，一只手垂落在车把手下，另一只手被情人枕在头下；情人的神态没有异常。两人躺在座位上，已经没有生命迹象，周身也没有任何伤口。妻子当即选择报警，警察马上赶到现场。

经勘查，车库大门完好，内部整整齐齐；汽车的门窗紧闭，没有丝毫暴力破坏的迹象，发动机还在工作，暖风开着，车内异常温暖，甚至带着一丝诡异的味道，怎么看都不像是暴力致死的样子，但经调查，两人之前一切正常，也没有自杀的动机和迹象。警察带着疑惑，请法医对尸体进行了勘验，才终于确定了两人的死因。请问，车上的两人到底遭遇了什么呢？

【推理分析】

汽车启动却又停驶时汽油处于不完全燃烧状态，会排出大量的一氧化碳，使人发生中毒现象。在通风良好的室外，这种状态不太会产生致命后果，但在空气流通不太好的密闭车库内后果就会很严重。本案中，汽车停驶，发动机仍在运行，汽车排出的一氧化碳在车库内大量聚集，最终导致两人死亡。所以，杀死二人的正是他们对这个原理的忽视。

## 37. 杯子上的证据

【案件回放】

夏天的一天，网络小说作家娜娜在自己的公寓被杀害。凶手并没有留下太多证据，警方只发现了死者的指纹。经过两天的高强度侦查，警方锁定了三个嫌疑人：

娜娜的现男友：与娜娜是青梅竹马的恋人，随着时间的推移，两人感情虽然渐渐转淡，但还算过得去。半年前，他发现娜娜有了新恋情。因为不舍多年感情，他努力争取过，但娜娜的态度始终淡淡的。当天上午，他因为身体原因没有上班，娜娜还给他倒过一杯凉白开，让他吃药。中午时分两人发生争吵，他不愿再与之争执下去，就出门去了朋友家。

娜娜的好友兼合作编辑：他说，当天下午，自己到娜娜那里去商讨实体书的出版和推广计划，就版税合同进行了深入的交谈。其间，娜娜给了他一瓶冰镇的啤酒。半个小时后，他就向娜娜告辞了。

娜娜的暧昧对象：他与娜娜是书友会上认识的朋友。两人相处久了就暗生情愫，曾经有过一段缠绵的感情经历。但他与原配妻子离婚后，娜娜却提出分手，让他非常失望。事发当天，他到娜娜家去，希望能够争取娜娜回心转意，娜娜还给他倒了一杯冰咖啡，但他没喝。后来两人发生争执，他一气之下摔门而去。

你知道谁最有可能是凶手吗？

【推理分析】

最有可能的凶手是娜娜的现任男友。在夏天，装冰镇饮品的杯子的表面会凝结出一层水珠，这样，杯子表面就不会留下指纹，相反，装常温水的杯子因为不会凝结水珠，反而会留下清晰的指纹。这三人中，只有娜娜的现任男友喝凉白开，现场却没有留下他的指纹，这本身就是一件非常反常的事情。

## 38. 尸身上的细节

【案件回放】

乔治因为身体不适在家休息。他拿出体温计量了体温，发现有点发热。他顺手将体温计放进睡衣口袋，拉开抽屉找到退烧药吃下便躺下睡觉了。

午夜时分，瑞拉悄悄地从乔治未关闭的窗子中跃入。他和乔治喜欢上了同一个姑娘，但乔治使用了一些小手段，获得了姑娘的芳心。失去心爱的姑娘的瑞拉怀恨在心，预谋报复。这天他终于抓住了机会，趁乔治沉睡狠狠击打其后脑，致其死亡。然后，他将乔治的尸体放进热水中浸泡了几个小时，又将之拖到客厅放在鱼缸旁边，并将血涂抹在鱼缸的边角上造成死者病中服药后头晕意外致死的样子。随后他清理了现场才放心离去。

第二天，乔治的女友上门看望他，一进门就发现乔治的“意外”，便马上报警。警察来了以后，对乔治的尸体进行了仔细检查，很快发现了一个细节，并据此判断乔治是死于他杀，死亡时间也应该早于其尸体状况所表现出的死亡时间。请问，警察发现了什么细节？

【推理分析】

警察发现的是死者睡衣口袋里装的体温计。正常情况下，体温计的刻度是35℃到42℃，如果超过42℃，体温计就会爆炸。警察在乔治的口袋里发现的体温计已经爆炸，说明死者曾置身于高于42℃的温度中。

一般而言，尸体在死后的两三天内会发生一系列变化，如果是低温环境，变化速度会变慢；如果是高温湿热环境，变化速度则会加快。在本案中，乔治死后被浸入热水中，尸体腐坏速度会加快，程度也会加深，很容易误导警方的判断。

## 39. 起火的阳光房

### 【案件回放】

上午10点钟时，已经退休的文先生在阳光房中惬意地晒着太阳、喝着清茶、看着报纸。看了一会儿，他觉得累了，就摘下眼镜放在手边的桌子上，将报纸和一堆文件等放在眼镜旁边，靠在藤椅上闭上眼睛打算休息一下。不知不觉间，文先生沉沉睡去。

一个小时后，楼下有人发现文先生家浓烟弥漫，火焰舔着玻璃，发出巨大的噼噼啪啪的爆裂声，便马上打了110报警电话和119火警电话。很快，消防员赶到，迅速将已经失去意识的文先生送往医院，同时灭火救灾。大火熄灭后，警方对现场进行了一番细致检查，发现现场的桌椅、木质地板、杂物等都已被烧毁，眼镜、玻璃房的一面玻璃也已经爆裂。不过，现场没有任何电路故障的迹象，也没有外人入侵的痕迹。

文先生在医院清醒过来后，坚称一定是有人要烧死自己，因为自己曾经和老年人舞蹈队的人发生过争执。然而，警方拿出一样物品，告诉文先生，导致阳光房起火的不是别人，而是文先生自己。你知道警方拿出的是什么吗？

### 【推理分析】

警方拿出的是文先生的老花镜。与凹透镜的近视眼镜不同，老花镜是凸透镜，能够将光线聚集到一点。在光线较强的情况下，被老花镜聚集的光线会产生巨大的热量。倘若现场有易燃物，就可能造成火灾。而文先生将老花镜与报纸等易燃物放在木制桌子上，再加上是木制地板，引起火灾也就成了可能。所以老花镜的存放一定要避开阳光直射和易燃物。

## 40. 无形的纵火者

### 【案件回放】

秋季的一天，下午2点钟左右，一户居民家发生爆炸。死者家有很浓的煤气味，现场被炸得面目全非，死者的身体被严重焚烧，身上穿的化纤睡衣已经烧得只剩下残渣和少量碎片，完全无法查找证据。法医检查后发现死者是死于爆炸及随后的火灾。警方调查后发现，死者家的煤气管道年久失修发生泄漏，事发时现场除了死者没有其他人，也没有其他人入侵的痕迹，更没有电路短路等现象，就连死者的手机也处于关机状态。

那么，爆炸是怎样发生的？

### 【推理分析】

在干燥的季节，化纤衣物很容易产生静电火花。平时，这没什么，但在充满煤气的室内出现静电火花则异常危险。

# 41. 密室起火案

## 【案件回放】

8岁的小宇课间拿着水枪四处喷射。玩着玩着，他突然发现前面似乎有人在晃动着一个动漫玩偶，于是跟过去准备一探究竟。一路跟随，他来到了一个密室，看到房间里放了很多瓶瓶罐罐，便习惯性地继续喷射水枪，不料，突然“刺啦”一声，一个地方蹦起一点火光，随后，地板上也燃烧了起来。小宇惊慌之下拼命按水枪，但火越来越大。他转身想逃，却听到咔嗒一声，门被从外面锁上，再也打不开。等到其他人赶到，小宇已经在绝望、恐惧中痛苦挣扎着丧命。

事后，警方发现这个所谓的密室其实是一个废弃的化学实验室，在现场的地板上检测出了灰白色的粉末状物，并据此判断出了凶手及其杀人手法。

你知道凶手是怎样作案的吗?

## 【推理分析】

密室之所以失火是因为钠。钠在遇水的瞬间会释放出大量的热量，甚至引起燃烧。本案中，小宇被人引入密室后，他仍旧在玩着水枪，水喷到放在暗处的钠上，迅速蹦起火光，引燃了事先被洒在地上的汽油，他惊慌失措之下尽力按动水枪喷出更多的水，但这在钠和汽油面前无疑是火上浇油，再加上门被从外面锁上，最终导致了他的死亡。

## 42. 绝处逢生

### 【案件回放】

正在进行洞穴探险的青阳和朋友一路走一路四处观看，最后走进了一处洞穴。他很好奇洞穴中到底有什么，就壮起胆子进去查看。

两人越走越深，走到最后，钻过一个狭小的通道，只见一个巨大的洞穴出现在眼前，足有几十米长，洞中乱石遍布，墙壁森然，他们找了半天，也没有找到前进的路。正在这时，只听轰隆一声，他们看向声响处，发现刚才进来的通道居然被突如其来的塌方给堵上了。两人顿时慌作一团，万一困在这里就麻烦了。他们赶紧四下搜索，但都没有找到出口。眼看两人似乎陷入绝境，青阳害怕地问朋友："不会这么倒霉吧？"

朋友大声呵斥道："怕什么，一定有路的。"

朋友的声音很大，青阳听完愣了一下，然后意识到了什么，开始一边喊话一边向某个方向走去。两个小时后，他们终于重新站在了阳光下。

请问，青阳和朋友是怎样绝处逢生的？

### 【推理分析】

长达几十米的空间里足以产生回音，但如果真的无路可走了，回音就会比较大声，反之，回声就不会那么大。

## 43. 无色的遗书

### 【案件回放】

某市知名的金融家被杀，因死者独居，所以被发现的时候已经是两天后。据现场来看，死者当时正在边看文件边喝稀粥，后突遭钝器击打，丧失行动能力，扑倒在一堆白纸上，粥也洒在了桌子上。但凶器没有找到，保险柜被撬，里面的财物也不翼而飞。更糟糕的是，凶手非常狡猾，作案之前，破坏了监控系统；作案后离去时，还擦去了现场所有的指纹。所以，警方在现场没有发现任何有用的线索。

勘查完现场后，警方将现场的物品封装保存，并仔细研究，依然没有任何收获。直到有一天，负责此案的刑警队长再次查看那些物品的时候，无意中打翻了死者办公桌上的碘酒瓶，才终于发现了金融家在白纸上留下的关键信息。后来，警方借此迅速抓获了凶手，并破获了整起案件。

请问警方是怎样发现白纸上的讯息的?

### 【推理分析】

死者遭到袭击后，在无法求助的情况下，只好以身边洒掉的粥为“墨”写下了关于凶手的信息。后来刑警队长无意中打翻碘酒瓶，里面的碘酒洒出来，白纸上的粥中的淀粉遇上碘酒中的碘，发生了变色反应，使得死者留下的信息暴露出来，从而帮助警方找到了凶手。

# 44. 冰凉的灯泡

## 【案件回放】

一天晚上，暴雨过后，天色异常昏暗，正在某街道巡查的警务人员突然听到有人在呼救。他们循声来到一家超市一看，发现呼救的是超市里的收银员艾薇。

见到巡查人员，收银员艾薇惊魂未定地喘息着说明了事情的原委：“下班后，我在灯泡下汇总了超市当天的进出账目，将现金整理好锁进保险柜后，收拾了一下办公室，关掉灯泡准备离开。突然有人蒙面闯进来持刀威逼我打开保险柜，并抢走了现金，我自己也被刀割伤了。”

说着，她给巡查人员看了自己脖子上的伤口，好在伤口并不深，只是划破了皮肤。巡查人员一边安抚她，一边检查了现场，连放在账本旁边、已经熄灭的灯都没有放过。接着，他们询问了收银员几个问题。

巡查人员：“被抢劫是多久以前的事情？”

艾薇：“就两三分钟，我都没有反应过来，连对方长什么样子都没有看到。”

巡查人员：“超市里光线怎么这么暗？”

艾薇：“下过雨后，店里的照明灯出了故障，就剩下两盏还亮着，光线不是很好，但我要对账，这才开了这个备用灯泡。”

巡查人员：“我看，你还是说说你为什么要撒谎吧？”

艾薇神色大变，强自狡辩了一番后交代自己因为欠了高利贷才出此下策。

那么巡查人员是怎么识破谎言的呢？

【推理分析】

灯泡照明过一段时间之后摸上去会非常的烫手，但巡查人员查看现场的时候却发现灯泡是冰凉的，由此说明艾薇是在撒谎。

## 45. 断掉的登山绳

【案件回放】

一个小时前还是烈日当空，一个小时后一场大雨兜头浇下，还在山中的登山爱好者马克躲雨不及，被彻底淋湿了。半个多小时后，雨停了，但山里的情况变得很复杂，有的地方甚至有泥石流的迹象。马克只好忍受泥泞行进了一段路，来到一段陡峭的山路前。这是下山最近的路，只需要二十多分钟，就可以到达山脚。他将包里的登山绳拿出来，一头系在一棵大树上，一头绑在自己的腰上，然后拉着绳子一步步往山下走。这根绳子他买回来半个月，才用了两次，是商店里最好的登山绳。这次出门前，还有很专业的登山运动员告诉他说使用多次都没问题。

不料，十几分钟后，绳子突然断裂，马克收势不及，从接近垂直的山道上摔下来，当场身亡。

这是为什么呢？

【推理分析】

正常情况下，登山绳的拉力可以承受多次大力量冲击。但被水浸泡后，绳子的晶体结构被改变，冲击性能会下降60%以上。这时，原本强韧的绳子可能只能承受一两次的冲击。而马克的登山绳已经使用了两次，中途又被雨水长时间浸泡，很容易降低缓冲有效性，以至于在再次承重的时候断掉。

## 46. 尿液上的蚂蚁

【案件回放】

城市郊区的郊野公园中发生了恶性强奸案。死者是个漂亮的年轻女子，生前曾经被打晕后强奸，周围的草丛被压倒一大片。不过，凶手做了保护措施，所以没有留下任何体液。周边被压倒的草丛间发现了尿液，大量的蚂蚁聚集在尿液中。随后，警方通过附近的监控，发现共有三名男性在附近出现过。以下是三人的情况：

甲：身材高大，脸上有块很大的疤痕；是一名糖尿病患者，已经很长时间没有性生活。当天到公园来是为了散步，听闻这片草丛附近有大片的曼陀罗花，故而过来看看。

乙：身材中等，身体健康，是一名摄影师。他带着专业的摄影器材，到这里来是为了拍摄盛放的曼陀罗花。他给警方看了拍出来的照片，确实是不错的作品。

丙：五十多岁，是园区的环卫工。因为当天有很多游客，他便过来打扫卫生。在打扫卫生的时候，他不小心被花刺扎到手，流了血。警方在附近的荆棘丛中的确找到了他滴落的血迹，暗红色的血滴被隐藏在草丛间。

了解完情况，警方马上将甲带回去审讯。很快，在警方给出的证据面前，他低头认罪，供出了遭女子奚落后报复强奸的经过。那么，警方是怎样确认甲是凶手的？

【推理分析】

糖尿病人体内的糖分高到一定程度，就会随着尿液排出体外。在本案中，凶手是糖尿病人甲，他在死者周围便溺后，留下了含糖分的尿液，而蚂蚁喜糖，自然会被吸引过来。

## 47. 钻石不见了

【案件回放】

一位老人的儿子突发心肌梗死去世，去世前，儿子告诉他，自己房间的保险柜里有一些财物，包括金条、钻石等。办完丧事后，老人就想把保险柜打开，但是儿子走得急，还没来得及说出密码就去世了。无奈之下，老人请自己做电焊工的亲戚帮忙打开保险柜。亲戚拿着电焊工具一番忙碌后终于打开了保险柜，但保险柜里只有几根金条、金饰，并没有钻石的影子。

老人坚称钻石就在保险柜里，因为自己曾经亲眼看见儿子将钻石放在保险柜里，此后保险柜便再未打开过。他认为有人偷了儿子的钻石。但亲戚坚称保险柜里根本就没有钻石。两人争执之下报了警，警察来了之后询问了详细情况便笑着说："还真是没有窃贼，这太遗憾了，你们找人开锁也要不了多少钱，这下真是白白损失这么大。"

警察为什么这么说呢?

【推理分析】

钻石号称自然界硬度最高的天然矿石，燃点约为850℃，熔点约为3815℃。而电焊时电弧温度在6000~8000℃，熔滴平均温度达到2000℃，溶池平均温度达到1750℃。老人的亲戚长时间地对保险箱进行电焊，使得钻石所处的温度渐渐高于燃点，于是，钻石变成二氧化碳消失不见了。

## 48. 林间的园丁鸟

【案件回放】

搬到乡间别墅后，艾瑞的心情一直很好。夜间的时候，她可以听着虫吟风声入睡，清晨在阳光和鸟鸣中醒来；晚上睡眠好了，白天和邻居的相处也很愉快。她最喜欢的就是房前林间的一群园丁鸟，不仅经常给它们食物，还常在小家伙们的歌声中阅读、忙碌……

不料，一周之后，她发现家里经常莫名其妙地丢失一些小物件，有时是一面小镜子，有时是一把轻巧精致的小汤匙……因为这些丢失的东西基本上没有太大的价值，所以她也没有太在意。直到有一天，她发现自己准备午餐时取下来放在窗前桌子上的钻石戒指不见了。四处寻找无果后，她选择了报警。

警察来了以后询问了详细情况，观察了一下现场后笑着说："我知道小偷是谁了。"果然，10分钟不到，艾瑞就再次看到了自己的钻石戒指。那么小偷到底是谁呢？

【推理分析】

园丁鸟等很多鸟类都喜欢亮闪闪的小物品，经常收集小珠子、小金属片、小镜子之类的东西。艾瑞家附近住着的园丁鸟也不例外，它们将钻石戒指当成了求偶的用具，真可谓"飞来的小偷"。

## 49. 咬舌自尽

【案件回放】

独居的网络小说家被发现死于自己的公寓里。发现的时候，死者满嘴鲜血，肢体扭曲。发现死者的是小说家的妻子，她与丈夫两地分居已经两年，感情淡漠。她这次回来是想和丈夫离婚的，结果发现了卧房里的死者。

一开始，警方检查尸体后发现死者口内的舌头已经齐根断掉，而且伤痕与死者的齿痕完全吻合，于是认为死者是咬舌自尽。不过，法医进一步检验后却发现死者有脑缺氧现象。

死者到底怎么去世的呢？

【推理分析】

死者死于高浓度的二氧化碳中毒。当人处于二氧化碳浓度高于

20%的环境中时会急性中毒，出现脑缺氧及咬舌的痉挛反应，给人感觉像是咬舌自尽。

## 50. 指南针

**【案件回放】**

探险爱好者陈林独自挑战穿越一片沙漠。走到整个路程的五分之一的时候，鉴于之前的长途跋涉已经让陈林筋疲力尽，他计算再有一天时间便可以走出沙漠，便将其他装备抛弃，只带了些轻装备。

不幸的是，他再次动身不久，意外地遭遇沙尘暴，好不容易等到整个世界平静下来，正要庆幸虽然在沙尘暴中丢了很多物品，但好在自己已转危为安时，却发现迷失在沙漠里。

当时天空中没有太阳，周围也没有植物，根本无法判断方向。但是，沙漠里温度瞬息万变，到了夜间，温度会降低到极低的程度，陈林没有取暖的物品和食物，拖延下去将会非常危险。

口干舌燥的陈林带着侥幸心理检查了一下背包，发现里面只剩下一瓶水、一个浅口杯、一个打火机、一个回形针和一条毛巾。他强迫自己冷静下来，看了看手中的物品，突然想到了一个主意，并在太阳下山前走出了沙漠。

陈林是怎样走出沙漠的呢？

**【推理分析】**

他将水倒进杯子里，静放。从回形针上取下一段，在毛巾上用力摩擦，使针产生磁性。然后将针在额头上擦两下，沾上一点油，轻轻放入水中，利用油的张力让针浮在水面上，当针静止在水面后，针尖所指示的方向就是北方。陈林再根据自己已知的当地所处的纬度和经度计算出磁场的北极和地理上的北极的偏角，然后据此矫正方向，从而得出相对准确的方向。

## 51. 自杀之谜

【案件回放】

一名化学老师被发现吊死在自己家的吊灯钉子上。现场窗户开着，室内一片混乱，且有重要物品失去踪迹，显然是被人乱翻之后的结果。死者浑身是伤，死前很可能遭受过暴力。其左脚有长达半个月的严重扭伤，不能受力，但其脚离地很高，很显然是踩着凳子之类的物品爬上去的。然而现场没有找到任何此类物品，只有几个干燥的空纸盒子被摆放在死者脚下，盒子上没有任何曾被打湿的痕迹。同时，有邻居反映，在死者死亡的当晚听到死者和丈夫发生过争执，房间里还传来东西打翻的声音，但死者被发现后，警方一直没有找到其丈夫，只是在房间里发现了死者及其丈夫的指纹。再加上警方在现场没有找到任何能够帮助化学老师将头部吊在钉子上的支撑物，而且死者身上有伤，所以初步认定该案是家暴、他杀，而凶手就是其丈夫。

然而，一周之后，警方找到了死者的丈夫，弄清楚了其在和妻子发生矛盾后离家出走，到外地的朋友家玩。有一系列的证据明确无误地证明了他的证词。线索一下子中断了。无奈之下，警方只好再次到现场查看，以便发现突破口。在现场，警察反复确认，只有那几个纸盒子的高度能够帮助死者将头部伸进吊环里，但纸盒子无法支撑成人的体重，需要借助冰以外的物体才行。联想到死者的职业，警方想到了一种可能，并在死者的网购记录中找到了佐证，证明这是一起因家暴而导致的自杀案件，而非他杀。

那么，死者是怎样在左脚无法受力的情况下爬上一定高度自杀的呢？

**【推理分析】**

死者的脚无法受力，需要借助其他的东西使自己爬上某个高度，但在现场没有任何东西可以让死者借力。死者死前固然可以随意用其他东西塞满纸盒，然后用完之后再拿出就可以了。但问题是死者无法在自己死后拿出纸盒里的东西，而纸盒上也没有任何水渍，所以，塞满纸盒的不会是普通的家庭用品。结合能够支撑起死者的重量、能够像冰一样很快散发完毕、不留任何痕迹、死者是化学老师这几个因素，很容易想到干冰。干冰是固体的，很容易弄到，而且会很快气化，完全符合条件。此外，大量固体的干冰在密闭空间中气化会发生爆炸，而用纸盒装则避免了这一点。最后，干冰气化后成为无色无味的二氧化碳，能够从打开的窗户中散发，不会留下痕迹。这样，将种种要素结合起来，就指向了一个可能性：死者在遭受家暴后选择自杀，并将现场伪造成他杀的样子以嫁祸给丈夫。

## 52. 凭空而来的炸弹

【案件回放】

太阳西下，东南亚的某个公园里也安静了下来。安吉拉快步赶路，想要赶快离开。当她走到一处热带植物附近的时候突然爆发一声巨响，安吉拉觉得头部一阵剧痛，随即昏倒在地。等到同行的人找到她的时候，她还昏迷不醒。大家在附近搜索了很久也没有找到安放炸弹的地方或者弹壳，只找到一些破碎的果壳。

炸弹到哪里去了呢？

【推理分析】

所谓的炸弹其实就是炸弹树，也就是铁西瓜的果实，这种植物原本生长在南美洲的热带雨林里，后来被引进到了东南亚，它的果实到了成熟的时候会突然发生爆炸，其威力相当于小型手雷，具有一定的破坏性。

## 53. 诡异的两次爆炸

【案件回放】

春节的一天，晚上8点的时候，群山包围的X城发生了严重的爆炸事故，半个城市的人都听到了爆炸声。很多人向警方反映："一共发生了两次爆炸，两次爆炸的时间间隔不长，第二次爆炸的声音小一些。”

警方接报后马上赶到现场，发现是一家大型燃料厂发生了爆炸。不过，警方调查后发现，爆炸是发生在仓库里，除此之外，没有任何二次爆炸的痕迹。

当他们询问当事者的时候，当事者坚持说听到了两次爆炸声：“当时突然听到了爆炸声。我吓坏了，以为发生了什么事情，结果还没有弄清楚哪里爆炸了，就听到了另一声爆炸。”

你知道到底是怎么回事吗？

**【推理分析】**

从科学的角度来说，有障碍物的时候，爆炸就会产生回声，只是回声的声音会越来越小。事发时正是合家热闹的时候，“第一声”爆炸发生后很快就产生了回声，随后的回声声音越来越小，就不太引人注意，以至于被人认为是发生了两次爆炸。

## 54. 不翼而飞的钻石

**【案件回放】**

一位富商丢失了一颗价值连城的钻石。两名窃贼在逃窜的过程中慌不择路地驾车撞上了一辆停在路边的车，车玻璃碎了一地，车子当场报废，一名窃贼逃开了，另一名窃贼爬起来，刚要挣扎着逃跑，警察就追了上来。不过，警方搜查了窃贼全身，找遍了车上，也仔细看了地上的碎玻璃，都没有找到钻石。大家只好将落网的窃贼带回去详加审问。事实上，当晚，窃贼的同伙就拿到了钻石并离开了本市。

你知道窃贼的同伙是如何找到钻石的吗？

【推理分析】

钻石和碎玻璃的外形非常相像，所以混在一起的话很不好辨认。不过，钻石之所以大受欢迎，很重要的原因就是其具有高色散度和强火彩，其光泽永远是最耀眼的，至于碎玻璃虽然外形跟钻石很像，但在强光下，钻石会散发出非常强烈的火彩，窃贼只需要用强光灯照射就能够发现钻石。

## 55. 酒壶引发的意外

【案件回放】

春节祭完祖后，家庭主妇李某就将剩余的黄酒倒回了一把锡壶，后来，因为春节期间迎来送往的比较忙碌，李某就忘记了这件事情。

几个月后的一天，李某烧鱼的时候发现家里的料酒用完了。她突然想起来了之前存放起来的黄酒，就去找了出来，往鱼里倒了不少黄酒，觉得这样既能够提鲜又能让鱼肉更嫩。果然，鱼端上桌后，大家都很爱吃，很快就吃光了。

当日下午，李某及其家人突然出现了中毒现象，腹部剧烈疼痛、恶心、腹泻。紧急送医后，经医生检查，发现李某一家人确实是中毒了。

那么，李某一家人是怎样中毒的呢？

【推理分析】

有毒的是酒壶。很多工艺不合格的锡制的酒壶含有大量的铅和锡。长时间存放酒类，铅和锡就会被大量释放出来，溶解到酒液中，食用多了这样的酒液，人就会出现中毒现象。

## 56. 钢化玻璃为什么会碎

【案件回放】

家住一楼的陈女士为了保证家里财产的安全，特意将窗户、阳台的玻璃全部换成了双层钢化防盗玻璃，门锁装的也是最高级别的防盗锁，平时也很注意门窗的关闭。即便是这样重重的保护，也还是出事了。她与家人回老家过年回来时，一进家门就发现家里遭窃了。家里被洗劫一空，所有的值钱物品都不见了。家里大门完好无损，门锁也没有被破坏的痕迹，只有朝外的一扇不太显眼的透气窗的玻璃破碎了。

但奇怪的是，他们询问邻居后发现，整个春节期间，邻居并没有听到什么特殊的声音，也不存在声音被鞭炮掩盖的可能，因为该小区不允许放鞭炮。而从门口的停车区的监控可以看到，有个男子只是在窗子前停留了一会儿，随后，就跳进了房间。

那么小偷到底是怎么打开玻璃的呢？

【推理分析】

钢化防盗玻璃的硬度非常高，大面积击打很难打碎，但如果使用受力面积小的物体，如钻头等，只需要将钻头对着玻璃，然后轻轻敲击钻头的另一头，就可以轻易将防盗玻璃击裂，接下来只需要对着裂缝继续敲击，不需要多大力气就可以敲碎玻璃了。

## 57. 死亡原因

【案件回放】

老伴去世后，陈先生就独自居住，他不愿意给子女添麻烦，也习惯了自由自在的生活。这天晚上，他吃过晚饭后，看了一会儿电视，打扫了一下房间，将家里以前存放的农药扔了，然后洗了澡，准备把风扇插上就上床去睡觉……

第二天，陈先生的儿子小陈去看望父亲。由于父亲有心脏病，又不愿意和自己住，他只好天天上门去看看。可这次他一推开门就发现父亲出事了：父亲身子俯靠在床栏上，指甲和皮肤发紫，整个人一动不动，已经没有了呼吸；旁边地上扔着已经摔坏了的电扇，电线的头垂在床栏上；房间的垃圾桶里还扔着一些农药瓶子。他赶紧将父亲抱下来，然后就发现父亲的脖子前面有一条七八厘米的紫红色的瘀伤，这让他非常震惊，认为一定是有人杀了父亲，于是赶紧报警。

警方来了以后，调查了一番，却做出了令小陈感到意外的结论。

你知道陈先生是怎么去世的吗？

【推理分析】

一般来说，如果人是电击死亡，当电极与人体接触面很小的情况下，电流出入皮肤，会造成直径6~8毫米的圆形或椭圆形白色、灰白色斑块，斑块外凸内陷。

如果是砷中毒，那么死者的皮肤会脱水，指甲青紫，法医检查的话，会发现内脏点状出血，心血不凝。除非是心源性猝死，一般的心脏病死亡患者大都会出现发绀现象，皮肤、黏膜、耳轮周围、口唇鼻周、指端等都会发紫。

如果是勒杀致死，很多人认为勒死的人会伸出舌头、眼睛突出，死状极其恐怖。但实际上，很多时候，勒死的人不一定会有这些症状，但其结膜与虹膜都会出现点状出血。

在该案例中，死者指甲、皮肤发紫，再加上桌子上的心脏病药，表明死者当时心脏病突发，晕倒的时候身子俯倒，正好颈部沉在床边栏杆上。

## 58. 实验室爆炸案

【案件回放】

某高校化学系一女生在实验室用高锰酸钾制氧时突然发生爆炸，女生脸部被炸伤，送到医院的时候，女生已经昏迷。

警方接警后仔细检查了现场，伤者在制氧的时候完全是按照实验要求进行的，不过，警方在高锰酸钾中发现了醚、醇、酯等成分。

请问，这场爆炸案是怎样发生的？

【推理分析】

高锰酸钾遇到有机物就会发生爆炸，而很多合成类刹车油就是用醚、醇、酯等有机物混合而成的。用高锰酸钾制氧时掺入刹车油无疑就是将一颗炸弹放到了自己面前。

## 59. 喷射的啤酒

【案件回放】

一天夜里，街头发生了打架斗殴事件，有人报了警。正在这时，一名年轻男子抡起自己手中刚刚买来的物品，狠狠地砸在其中一个男子身上。对方应声倒地，失去了反应。其他人见事态严重一哄而散。耳边传来了警笛的声音，年轻男子反应过来，见自己闯了祸，撒腿就跑，最后拐进了一个小广场，混在纳凉的人群中。见这里没有熟悉的面孔，他便拿出一罐冰凉的啤酒，打开后，里面的啤酒喷射出来，洒了自己一手。他甩甩手，拿起来喝了一口，惊慌不已又强作镇定地思考接下来应该怎么办，让他没想到的是，警察居然跟了过来。他的举动，正好被警察看在眼里。

一名警察拦住了他："对不起，你有没有见过一个年轻的像你这么高的小伙子跑过来？"

"没有，这里这么多人，我没有注意。"

警察显然注意到了他手中的袋子："看样子，你不久之前刚去

过 × 超市（就在打架斗殴现场附近）吧。”

年轻男子：“我一个小时前去的，买了东西就回来了，我在这里静坐了半个小时了，正打算过会儿就回家呢。”

“你的小票呢？”

“没要，没人报销，我一般都不拿那个小票。”

警察见状马上说：“请你配合一下，跟我们回去一趟吧。”

请问警察为什么要带走男子呢？

**【推理分析】**

易拉罐啤酒中压缩了大量的二氧化碳，一旦遭遇剧烈摇晃，就会从酒液中脱离出来，加大罐中气压，这时，打开啤酒罐，罐子里的酒就会混合着气体喷射而出。所以那个说自己已经在小广场静坐了半个小时的青年是在撒谎。

## 60. 死者嘴里的棉花

**【案件回放】**

晚上9点钟，陈芳骑着自行车到街上买些生活用品。她走进店里，挑好东西，递给老板，等着老板结账后离开。

第二天一大早，人们在垃圾堆旁发现了陈芳的尸体。法医检验后，在陈芳的嘴巴里发现了经过处理的吸水性很强的棉纤维，死者的血液中有乙醚的成分，失去了双肾。

警方仔细调查了垃圾堆附近的监控，发现死者生前去过一条巷子后再没有走出来。那个巷子里有三家店，一家是服装店，一家是药店，还有一家是理发店。虽然巷子里没有安装监控，但是负责该案的警察进去查看了三家店后，马上带走了其中一家店的老板。

你知道他带走的是谁吗?

【推理分析】

是药店老板。吸水性很强的是医用棉花。医用棉花跟普通棉花不同，医用棉花是经过处理的脱脂棉，吸水性比普通棉花强上很多倍。但一般人不会在家中储存大量的医用棉花，只有从事相关职业如医生，或者家中有病人需要护理才会使用。事实上，如果要用来堵嘴巴的话，很多物品都比医用棉花方便。所以，死者嘴里塞满的棉花表明凶手当时身边有大量的医用棉花。

## 61. 失踪的宝石吊坠

【案件回放】

顾客A走进一家珠宝店，他一边嚼着口香糖一边告诉店员自己要看某款宝石吊坠，店员就拿出来几样给他试戴。但顾客A似乎不太满意，又让店员连续拿了几款细看。试了几款后，顾客A说没有太喜欢的款式，将吊坠放在柜台上后转身准备离开。

当时正是店里的活动日，所以顾客很多。这名店员在为顾客A服务的同时也在为顾客B服务。当他手忙脚乱地帮顾客B打包好请其去付款后，转过身来想要挽留一下顾客A，却发现收回去的吊坠数量不对——有一枚镶嵌了顶级红宝石的吊坠不见了。店员快速扫视了一下柜台及其周围的地板，没有任何收获。

他反应过来，急忙叫住顾客A，客气地询问他是否见过那枚吊坠。顾客A不满地说自己刚才看完后已经还给店员了。

店员镇定下来，仔细回想，当时顾客B并未接触那枚吊坠，而A曾经看过，后来，等自己发现的时候，吊坠已经不见了。店员非常肯定，吊坠一定就是顾客A拿了，但是A坚决否认，店门口的检测器也没有发现任何异常。无奈之下，珠宝店只好报了警。

警方来了以后同样没在A的身上找到失窃的红宝石吊坠。不过，聪明的警察还是找到了吊坠。

请问，吊坠哪里去了？

**【推理分析】**

顾客A进门的时候是吃着口香糖的，看吊坠的时候也是这样。后来，他悄悄将口香糖吐出来，将吊坠裹在口香糖里，然后又悄悄粘在某个不被人注意的地方，如凳子的边缝里。这样，他的身上自然没有吊坠，但是他偷盗这个事实是改变不了的。

## 62. 毒蛇杀人

**【案件回放】**

1月份的一天，一名农夫在冰天雪地里沿着山路赶到县城。马上要过年了，他要到县城里将自家种的粮食再卖掉一些好购买年货。走着走着，他发现路边田地中躺了一个人，便赶紧走过去查看，却发现那人已经没有呼吸，浑身僵硬，不知已经死去了多久。

农夫很快报了警。当地警方接到报案后非常重视，马上派人赶往现场。经过调查，警方发现死者是死于蛇毒，虽然周围并未发现蛇穴，但在死者身上发现了蛇咬的伤口。

对于这起案件，警方最初以死者被蛇咬导致意外中毒死亡为结论。不过，警局里经验丰富的老民警听说了这事，却笑着摇摇头说：“这可不一定是意外，有可能是谋杀。”

请问老民警为什么这么说?

【推理分析】

蛇是一种冷血动物，在寒冷的冬天为了保存生命会进入冬眠。等到春天来临气温回升，蛇才会苏醒过来。所以，除非受到强烈的刺激，1月份的蛇是不会出来咬人的；而蛇咬的伤口也可以人为做出。

## 63. 玻璃上的冰

【案件回放】

冬天的清晨，某小区的保安报案说发现一层一户居民家的女主人死在了床上。警方接警后马上出警。

警方向保安了解情况时，保安说：“她为人很和善，对每一个人都很好。我每天上班的时候都会见到她向我打招呼。但是今天早晨上班的时候，我没有见到她，所以，经过她家窗外的时候我就好奇地看了看她家窗子，玻璃上结了一层厚厚的冰，我擦掉冰往里一看……”

听了保安的话，警方立刻起了疑心。

你知道这是为什么吗？

**【推理分析】**

低温下，水汽遇到玻璃不会凝结，自然不会结冰；在温暖的室内，水汽遇上玻璃会凝结成水滴，进而结成冰霜。所以，保安说自己擦掉了玻璃上的冰看到室内的情形就是在撒谎。

## 64. 迎面而来的动物

**【案件回放】**

深入非洲草原探险的莫利开着车慢悠悠地走着，一边欣赏风光，一边观察沿途遇到的动物。突然，他听到一阵“哞”的声音。莫利脸色一变，来之前，有经验的人就告诉他，这是非洲草原上最可怕的动物——非洲水牛，攻击性极强，对侵入领地的人类会猛烈攻击。他毫不犹豫地马上打了一下方向盘，向另一个方向驰驱，开出去几百米，才停下来。回头一看，他突然笑出了声。

这是怎么回事？

**【推理分析】**

莫利遇到的动物不是非洲水牛，而是年幼的长颈鹿。在很多人的意识里长颈鹿不会叫出声，因为它的声带实在是太长了。而实际上，年幼的小长颈鹿在遇到危险或找不到妈妈的时候会发出类似于牛的哞哞声。

## 65. 白鼬的颜色

【案件回放】

圣诞节前夕，大歌星亨利被杀，凶杀现场是演出后台的化妆室，死因为机械性窒息。经过了大量而细致的调查工作后，警方最终锁定了三个嫌疑人：亨利的发型设计师、化妆师和一名摄影师。随后，警方分别对三人进行了各种角度的询问。以下是三人的口供：

发型设计师："我当时给亨利做完发型设计后，亨利认为那个发型不适合接下来的演出场合，所以要求我做一些微调，我想，接下来的演出非常重要，亨利的个人形象自然也非常重要，和亨利做了沟通以后想再和经纪人做一下沟通。所以，当时我出去找经纪人了。中途我回来一次拿资料，大概有3分钟。"说着，设计师将一份资料递给了警方，那是一份关于演出的资料。

化妆师："做完发型设计以后，很快就要开始化妆，所以我在为化妆工作做准备，确定应该给亨利化什么样的妆容。当时只有我和亨利在化妆室，后来我去上厕所了。最近有点拉肚子，所以我在卫生间待了十几分钟，回来的时候就出事了。"周围的人证实，化妆师确实上了卫生间，不过在上卫生间前到出事这段时间里没有其他人见过亨利从化妆间里出来。

摄影师："我是负责摄影的。不过，今天我外出有事情，就向亨利请了半天假，我们约定下午演出开始前回到演出现场。后来事情办完以后，我看时间还很早，离演出大概还有4个小时。回来的路上，离演出现场还有十几分钟路程的地方路过动物园了，我女儿也在车上，我就带她去了动物园。你知道，最近亨利的演出、通告很多，我们的工作安排都非常紧密，我已经连着三个月没有见过女儿了。在动物园，我们玩得很开心，还拍了很多照片，你们看，我们还拍了白鼬的照片。"摄影师提供了白鼬的照片，照片上灰色的白鼬正扬着尾巴跑。事实上，他也的确和10岁的女儿两人去了动物园，只不过中间有半个多小时的时间两人走散了。

调查结果显示，这三人都有作案时间和动机，并且都曾在现场出现过，但警方的痕迹分析和大量证据表明，凶手只有一人。

你认为，三人中谁最有可能作案？

**【推理分析】**

摄影师。白鼬的皮毛的颜色并非一成不变的。夏天，它背面自嘴巴向后经颊部、颈侧、体侧至四肢腕部及尾的背面为灰棕色，足背为灰白色；下唇、颔部、喉部至腹部及四肢内侧为白色；尾巴前2/3的颜色和腹色相同，剩余1/3则是全黑色。到了冬天，它的皮毛就会变成雪白色，只有尾尖有一点黑色，以便于它们在冰雪中隐藏。这是由季节和动物的适应性决定的。而在摄影师所提供的照片中，白鼬的颜色是灰色的，说明照片拍摄的时间是夏季，但当时却是冬季，所以，他所谓的不在场证明是不成立的。

# 66. 雪停以后

## 【案件回放】

天阴沉着，看样子是要下雪了，在家里待了几天的安华出门到朋友家去找朋友玩，但他走过一段水泥路，经过长长的楼道，来到门口按了半天的门铃，都没有得到回应。感觉无趣的安华沮丧地转头回家了。

夜里9点钟开始下雪。

天亮以后，安华从床上爬起来打开门，发现雪不知道什么时候已经停了，阳光洒在雪地上，感觉有些刺眼。他爬起来泡了杯咖啡，咖啡还没喝完，警方就找上了门，说他涉嫌杀人，死者就是他昨天去看望的朋友。

安华惊呆了，他激烈地申辩自己没有杀人。他被带到朋友家的院子前，看到雪地上的那串脚印，连呼不可能。因为他昨天确实是穿着那双鞋底带着独特花纹的靴子到这里来的。

按说，他是在下雪前来的现场，为什么下雪后现场还有他的脚印呢？

## 【推理分析】

下过雪后地面上的痕迹就会被盖住。但是如果凶手事先在脚印上撒上氯化钠，雪停后，脚印上的雪就会先化掉，脚印也就显现出来了，从而造成一种安华进入过现场的假象。

## 67. 教学楼下的尸体

**【案件回放】**

继之前的学生在教学楼跳楼事件之后，这所位于市中心的大学时隔半个月再次出现坠亡事件。死者是一名大四的学生。经法医检查，死者是从高处坠下死亡，颅骨碎裂。

尸体在学校最高的教学楼的墙脚下，离墙面大概20厘米，而在教学楼的第8层楼，死者正上方的窗户开着，窗台上发现了死者的脚印。

警方调查得知，死者近期与男友分手，情绪低落，且找工作过程比较艰辛，毕业论文也被老师多次批评。就在大家都以为死者是因诸多事情不顺而产生自杀意图的时候，警方却将该案定性为他杀，并在死者的整个交际圈子中寻找凶手。

请问，警方根据什么判断死者是死于他杀？

**【推理分析】**

问题出在死者与墙面的距离上。如果死者是从8层楼的高处跳下，不管以什么姿势，尸体离墙的距离都绝不会仅仅是20厘米，这是因为：其一，人从高处掉下，必然会发生偏移；其二，人的身体和头部的直径基本上都超过了20厘米，那么除非人贴着墙皮掉下，否则根本不可能从8层楼处掉落在离墙30厘米以内的范围上。

# 第三章

# 趣味推理：找出逻辑中存在的漏洞

# 68. 失窃的名画

## 【案件回放】

一位富商家里珍藏的名画被窃贼偷走了，富商报警后，警方经过周密的调查，锁定了几个嫌疑人。在审讯中，他们每个人各说了3句供词：

赵说："窃贼不是钱，不是李，也不是周。"

钱说："窃贼不是赵，不是孙，也不是周。"

孙说："窃贼不是钱，不是吴，也不是周。"

李说："窃贼不是赵，不是吴，也不是孙。"

周说："窃贼不是孙，不是李，也不是吴。"

吴说："窃贼不是孙，不是李，也不是赵。"

警方最终侦破了该案件，再回头对比供词，发现这几个嫌疑人中有4个人说了一句假供词，其他的供词都是真的。那么，你能不能根据这些描述，找出谁才是真正的名画窃贼呢？

## 【推理分析】

这是一道典型的逻辑推理题，由于题面比较复杂，我们可以采用"化繁为简"的图表分析法来解决。根据题目描述，我们可以将6个嫌疑人的证词整理后，列为下表：

| 嫌犯＼供词 | 赵 | 钱 | 孙 | 李 | 周 | 吴 |
|---|---|---|---|---|---|---|
| 赵 | | × | | × | × | |
| 钱 | × | | × | | × | |
| 孙 | | × | | | × | × |
| 李 | × | | × | | | × |
| 周 | | | × | × | | × |
| 吴 | × | | × | × | | |

根据上表我们可以发现，只有孙被4个人提到过，又由于所有的供词中只有4句是假的，所以窃贼就是孙。

## 69. 旅馆里的凶案

**【案件回放】**

到外地出差的鄢某入住当地一家旅馆后，正躺在床上休息的他却闻到一股臭味。旅馆工作人员闻讯对房间仔细检查后，在双人床的柜体中发现了一具女尸。工作人员大惊，当即报警。

警方赶到现场，发现死者俯卧在柜子里，头部有致命撞伤，上身穿着米色T恤衫，身上多处擦伤，似乎生前曾经与凶手搏斗过。根据死者的状态，法医鉴定女子20岁左右，死于三天前的凌晨，但旅馆工作人员没有听到任何声音，女子所住楼层也没有监控可查。

后经调查，该旅馆入住虽然也是实名制，但团体入住只需要登记其中一人即可；房间的所有钥匙都由前台统一管理，入住客人要进入房间必须经由前台工作人员开门，唯一的窗子位于门的对面——10米高的墙上，没有任何工具可供攀爬。大厅的监控也显示，三天前的凌晨，旅馆的所有工作人员都在大厅。

然而，警方看完现场后，却认定该案一定是熟人作案，并以此为前提，筛查了死者的人际关系网，最终锁定了死者的男友，侦破了案件。请问，警方为什么认为是熟人作案？

【推理分析】

年轻女子入住双人床的房间，有两种可能性：其一，爱好使然；其二，与人同住。旅馆工作人员没有听到任何声音，也没有人请求开女子所住房间门，擦伤说明双方发生争执，但女子意识清醒，因是熟人并未呼救，后被重击后脑丧命。

## 70. 真正的凶器

【案件回放】

严冬的郊外，有人发现一名年轻男子被绑坐在小树上，额头流血，已经失去生命体征，遂电话报警。警方接警后迅速行动，对死者进行了检查，并在现场发现了四样东西：一段绳子、一把小刀、一个空水杯、一小瓶毒药。但奇怪的是，死者唯一的伤在额头，死因为出血过多，脖子上没有勒痕，额头的伤也并非刀伤，体内也没有毒素，而且这四样东西上都没有血迹。请问，这四件物品中杀死年轻男子的是哪件？

【推理分析】

这个问题可以运用排除法来解决。首先，死者脖子上没有勒痕，说明凶器不是绳子；额头的伤并非刀伤，说明凶器不是小刀，且因分量不足，所以凶手不可能是利用刀柄来击打死者头部造成致命伤；没有中毒迹象，说明不是毒药致死。剩下的只能是水杯，但水杯上没有血迹，说明水杯不是直接击打死者的物品。案件开头说明是在严冬的郊外，那么要结冰就很容易，凶手可以利用水杯来制造冰块，然后用里面的冰来击打死者，事后只需要处理掉冰块即可。事实上，坚硬的冰完全可以媲美石头，足以致死，且不留证据。

## 71. 警察局里的死亡案件

【案件回放】

一名嫌疑犯在审讯室突然中毒身亡。让人震惊的是，当时警察正在对嫌疑犯进行审讯。该犯人屡屡犯案，曾经杀死了两名幼童，可谓恶名昭著。可能知道这次跑不掉了，嫌疑犯在审讯中一言不发，只是低头轻轻地抠着自己的手指，然后向警方要了一支烟，点燃后叼在嘴里吸了几口，便开始交代自己犯案的经过。谁知，几分钟后，审讯的警察突然发现死者面部变色、神情痛苦，随后他便歪倒在一旁，几分钟内就失去了呼吸。警方检查后发现，死者死于氰化钾中毒，但死者仅仅在现场喝了一杯水，而那杯水里没有检出任何氰化钾成分。事实上，审讯室里的一切都在监控范围内，没有任何死角，现场的所有物品上也没有发现氰化钾。请问，毒到底来自哪里？

【推理分析】

毒在嫌疑犯的手指上。他将氰化钾和透明指甲油混合在一起，事先涂抹在指腹上，在审讯室不动声色地从手指上抠下来，然后借着抽烟的机会将毒送入口中，最终在警方的严密监视下中毒身亡。

## 72. 不翼而飞的凶器

【案件回放】

一家超市的冷库中发现了一具尸体，经排查死者系超市生鲜柜的负责人。死者俯倒在地板上，背后被利器刺中，穿透心脏而亡。警方在现场发现多名人员进出的痕迹以及大量的冷藏食品，在死者附近的地板上还扔着一根沾着一点死者血迹的木棒，但很明显这些物品无法造成死者背后那样的利器伤。警方找遍了整个超市也没有找到杀死死者的凶器。那么凶器到底去哪儿了？

【推理分析】

在冷库中最易得的莫过于冰，凶手只需要将木棒放进尖形容器中，然后注上水冻结实就是锋利的凶器，事后升温凶器，等冰化掉，一切也就无迹可寻。

## 73. 哪个男人是凶手

【案件回放】

某市发生了一起恶性连环杀人案，没有人见过凶手的全貌。警方只能根据专业人士的犯罪侧写和非常有限的目击者的零散记忆拼凑出罪犯的特征：不矮、不黑、不胖、面相善良，然后据此寻找罪犯。最后，警方锁定了四个人，这四个人中只有一个是罪犯。现在让这四个人排成一行，结果如下：

1.四个男人之中每人身旁都至少站着一个矮个子；

2.恰好有三个男人每人身旁至少站着一个皮肤黝黑的人；

3.恰好有两个男人身旁至少站着一个肥胖的人；

4.恰好有一个男人身边至少站着一个面相善良的男人。

在这四个男人中：

5.第一个很黑，第二个很胖，第三个个子最矮，第四个面相善良；

6.只有一个男人具有两个以上的寻找特征（不矮、不黑、不胖、面相善良），此人便是目击者指认的罪犯。

那么，到底哪个男人是凶手？

### 【推理分析】

我们可以对案例中所给的条件一一进行推理。以条件6为前提，首先，根据条件4和条件5可知，前三个都是面相凶恶的人；其次，根据条件3和条件5可知，第二个男人必定是胖子，而其他的人都不胖；再次，根据条件2和条件5可知，第一个男人和第二个男人必定皮肤黝黑，这样才能做到恰好有三个男人身边至少站着一个皮肤黝黑的人；最后，根据条件1和条件5可知，第二个和第三个男人必定个子很矮。推理结果如下：

| 第一个：黑 | 第二个：胖 | 第三个：矮 | 第四个：善 |
| --- | --- | --- | --- |
| 面凶 | 面凶 | 面凶 | 面相善良 |
| 不胖 | 胖 | 不胖 | 不胖 |
| 黑 | 黑 | 不黑 | 不黑 |
| 不矮 | 矮 | 矮 | 不矮 |

根据结果，只有第四个男人具备了两个以上的寻找特征，即不胖、不黑、不矮、面相善良，所以，他就是凶手。

## 74. 监控中的女人

### 【案件回放】

一处垃圾场中惊现一大袋尸块。警方接警后迅速展开调查。袋子是最普通的行李袋，没有留下任何指纹；袋内是被分解成一块块的人的尸体。DNA检测显示，死者是一名40岁左右、体重大约80公斤的中年妇女。

调阅监控后警方发现，有一名女子深夜拖着一个袋子扔在垃圾场后很快离开。这名女子身姿挺拔，但身形消瘦，长发飘飘，穿着长袖连衣裙，蹬着高跟鞋，戴着大遮阳帽和口罩，全程低着头，看不见面目。警方搜遍了附近的其他监控，都没有再找到该女子的身影，甚至除了一名男性环卫工一手推着手推车、一手提着一个塑料袋，从周边监控里走过之外，没有发现有任何一名女子从该区域走出。她像人间蒸发了一样。

请问，这名监控中的女子是怎样消失的？

**【推理分析】**

事实上，凶手是一名男子，而非女子。首先，80公斤的袋子并非一个女子可以轻松搬动的；其次，未见女子走出，只见一名男性环卫工离开。这些都暗示我们监控中的女子实则是男扮女装的结果。他利用人们的思维盲点，化装成一名女子抛尸，然后走到监控死角，换上环卫工的衣服，推着推车离开。

## 75. 富豪被杀的真正原因

**【案件回放】**

某市第一富豪被家中的保姆发现死在自家卧室里。富豪的家位于10楼，前后左右的楼层都有100米的间隔。现场窗户紧闭，门未上锁，只是关着；室内干净整齐，没有翻动的痕迹；除了死者和其继子外，没有其他人的指纹。法医检测后认为死者是服食剧毒后死亡，因为放在死者身旁桌子上的药瓶上只有死者的指纹，警方初步判断死者是自杀。

警方找到报案人了解情况，继子说："他是我继父，母亲离世后，我们两人都没有别的亲人，便相依为命。两年前，他中风后瘫痪，但医生说他身体没有别的问题，维持个十几年没有问题，没想到他会自杀。以后我可怎么办？"

与此同时，在现场，勘查人员也将检查范围扩展到了整个家里，连死者的酒柜也不放过。里面放着好几瓶葡萄酒，死者的侄子说："我叔叔生前很喜欢葡萄酒，这是他两天前刚买的酒。"据调查，这些酒都是死者两天前特意托朋友从国外带回来的最新生产的上好的葡萄酒。

随后，警方改变主意，认定死者必定是被杀，还不动声色地让人去调查这个继子的购物记录，果然发现了他购买剧毒的证据。继子在一番狡辩无效之后只得认罪。

那么警方是怎样发现凶手露出的马脚的？

【推理分析】

一个爱好葡萄酒，且刚刚千里迢迢买回葡萄酒的人明显不会自杀。沿着这个思路，警方自然很容易发现凶手的破绽。

## 76. 载客的肇事车辆

【案件回放】

晚间9点多，某国道上发生了车祸，一辆小轿车上的一家四口当场身亡，肇事司机逃逸。一位好心司机路过时目睹惨烈的现场，遂报案，但没看到肇事车辆。交警接警后马上出动，仔细检查了现场，断定肇事车辆应该是大型车。随后，警方走访了附近路段的其中一家饭店，店老板说9点多的时候听到了一声撞击声和发动机前后两次启动的声音，然后便没了动静。警方仔细分析后，从这个信息中找到了线索，并从附近饭店中找到了目击证人，成功找到了肇事车辆。

警方发现了什么线索？

【推理分析】

不同类型的车的发动机声音是不一样的。警方从店老板描述的发动机声音中意识到这是一辆载客车辆。在当时的时间段里，在那样的时间经过，司机很有可能是在附近吃饭，这样，只要仔细排查饭店的人员，就能够找到肇事车辆的信息。

## 77. 咖啡杀人案

【案件回放】

独居的莎莉感冒了，不过症状不严重，她便没有吃药。正好男友凯文来找她，约她去喝咖啡，莎莉开开心心地去了。两人坐在咖啡馆里，凯文帮莎莉点了她最爱的浓黑咖啡，还递给莎莉一个盒子，打开一看，是一枚3克拉的钻戒。

莎莉高兴极了。自从怀孕后，她多次向凯文催婚，但凯文一直以事业未定为由要求推迟结婚时间，并让莎莉把孩子打掉。看着眼前的钻戒，她为凯文的回心转意而高兴，不自觉地端起了三个月没再喝过的咖啡喝了起来。

随后，两人约定半个月后去领证，便各自回了家。

当天下午，莎莉在家去世。

警方到了现场查验以后，发现死者是死于急性血压升高，并在死者体内检出了高浓度的未完全消化的咖啡和苯丙醇胺，警方仔细搜查了死者的家后，发现一张感冒药的购买单，但并未找到感冒药。警方很快将怀疑的矛头对准了死者的男友，指控其故意杀人。

请问，这是怎么回事？

**【推理分析】**

苯丙醇胺是伤风感冒药里的重要成分。如果吃了感冒药又喝高浓度的咖啡，很容易引起急性血压升高，甚至致命。而莎莉本身怀有身孕，血压比常人高，所以就出了事故。警方尸检的时候未在死者胃里发现其他食物，说明死者喝完咖啡后没有吃过别的东西。而警察在死者家里又没有找到感冒药物，那么很有可能是死者的男友在浓咖啡里放了感冒药，故意制造死者饮食不当出意外的假象。

## 78. 拿到钥匙

**【案件回放】**

小镇上发生了一起凶杀案，死者是年轻男子小李。小李死前一个月时与小镇上一位美丽的姑娘完婚，两人新婚宴尔，感情很好，与父母住在一起。出事的时候，小李独自外出办事，到天黑都没有回家。家人感觉蹊跷便报了案，并在警方的协助下找到了隐藏在一个秘密地点的尸体。警方认为这必定是熟人作案，所以与家人商定暗中调查。

几经周折后，警方锁定了嫌疑人——小李的前女友，两人恋爱三年，但因为女方父母反对未能在一起，分手时，小李答应她要等到她父母同意。不过，小李与其分手后两个月就结识现任妻子，并恋爱结婚。

因为没有足够的证据，警方决定先由探长王刚去探一下小李前女友的口风。行动之前，他思考了一下，故意将自己的车钥匙放在凶手藏尸体的地方。他找到小李的前女友，一见面，就问对方："你知道吗，你的前男友被杀了。"

小李的前女友惊讶地问："不知道啊，什么时候的事？"

王刚一副了然的样子："哦，看来这事不是你干的，我又要重新去找线索了。"说着，他便起身告辞，正准备开车的时候，他一摸口袋吃惊地说："哎呀，钥匙一定是忘在发现尸体的地方了，这可怎么办？你能帮我找找吗？"

两分钟后，王刚顺利拿到了他的钥匙。不过同时，他也将手铐铐到了小李前女友的手上。

**【推理分析】**

警方调查此事并未声张，所以，小李的前女友之所以能够在很短的时间里找到钥匙，只能说明她知道尸体在哪里，那么这事就与她有关。

## 79. 被开除的人

**【案件回放】**

某公司老板遇到一件棘手的事情。他需要从手下的6名员工中开除1个人，同时提升1个人，这6人分别是小鹏及其同办公室的小文、小婉，小云及其同办公室的小涛和小伟。其中小鹏、小涛、小文的职业是文案，小婉、小云、小伟是销售员。但是他不确定到底开除谁，提拔谁。也就是说，被开除的人可能是销售员，也有可能是文员，而唯一的被提拔的人也正在这6个人中。

通过调查获知以下疑似线索：

1. 如果被开除的人和被提拔的人在一个办公室，则被开除的人是男性；

2. 如果被开除的人和被提拔的人不在一个办公室，则被开除的人是文员；

3. 如果被开除的人和被提拔的人从事一样的工作，则被提拔的人是男性；

4. 如果两者从事不一样的工作，则被提拔的人是女性；

5. 如果两者为同性，则被开除的人是销售员；

6. 如果两者为异性，则被提拔的人是文员。

经过逻辑思维缜密的推理，老板终于确定了被开除的人和被提拔的人。

那么，你知道被开除的人是谁吗？

## 【推理分析】

这六条线索彼此之间是存在矛盾的，比如，1和2矛盾，3和4矛盾，5和6矛盾。但1和3结合在一起的话，我们可以得知，假如被开除的人和被提拔的人在一个办公室，且从事一样的工作，那么被开除的人就是小涛，被提拔的人就是小文或小婉，不可能被开除的人和被提拔的人都是男性，所以，1和3不能组合在一起。

1和4组合的话，可知，小涛是被开除的人，则被提拔的人只能是小婉，但小婉的职业是销售员，则与5、6矛盾，所以，1、4、5和1、4、6不能组合在一起。

2和3组合的话，可知，被开除的人和被提拔的人都是文员，这与5所给出的被开除的人都是销售员相悖，所以2、3、5不能组合；但2、3组合的结果与6的条件相符，即小文是被开除的人，小涛是被提拔的人，两者的职业都是文员，且为异性。

若2、4组合，则被开除的人是文员，被提拔的人是销售员，与6给出的条件相矛盾，所以，2、4、6不能组合。

若2、5组合，前者说被开除的人是文员，后者说被开除的人是销售员，两者相悖，所以两者之间不能组合。

由以上分析可知，被开除的人是小文，获得提拔的人是小涛。

## 80. 谁报的警

**【案件回放】**

一名小偷盯上了一位独居老人。这位老人住在三楼，是拆迁户，家中获赔千万，离开子女独自居住。其邻居除了早出晚归的上班族，就是老人和孩子，大家常在一起聊天，但老人性格孤僻，除每天出门买菜、遛狗外，基本不出门。一天，小偷在附近观察了一个小时，有一群老人正在楼附近聊天，但老人一直没有出门，以为老人不在家，其他在外面的人也离房子有一段距离，他就开始行动了。

他用工具撬开门，却不料一打开门正碰上老人手里拎着一件新衣服，面带微笑地走向一个房间门口，并大声说着："我给你看看……"这时老人突然看到小偷，便转而喝道："你怎么进来的？"小偷见状用开门的工具砸向老人，老人一声惊叫就昏倒在地。随后，小偷就洗劫了老人的家，最后，他向老人正准备进去的房间走去，房间里除了书柜、电脑桌椅、书籍、电脑外，没有别的物品。电脑放在桌子上，他准备连电脑也一起拿走。突然，警察撞开门，逮捕了小偷。那么，报案的是谁？

**【推理分析】**

报案的人是小偷进门时，老人正用电脑与他聊天的人。所以老人才会拿着衣服说："我给你看看。"而老人的那句"你怎么进来的"以及随后的惊叫让对方知道老人遇到了坏人，从而选择报警。所以，该案中，报警的人正是当时与老人聊天的人。

## 81. 她绝不是自杀

**【案件回放】**

在一个私家别墅里，人们发现一名女士去世了。她打扮得整整齐齐，化着精致的妆容，但因为去世的时间过久，尸体已经风干。人们在现场发现了一封打印的遗书，遗书上清晰地写着：我因为感情问题，对生活已没有留恋，决定服毒自杀。最后落款时间是三个月之前。由此，现场的人们都认为她是自杀。

警方到了现场后，发现现场落满了灰尘，死者身上也蒙上了灰尘。接着，警察拿起遗书看了看，却认为她绝不是自杀。这是为什么？

【推理分析】

在长达三个月的时间里，如果遗书是早就打印好的，上面一定会有灰尘，但警察拿起来看的遗书上却没有灰尘，说明现场的情景是伪造的，也就是说，死者死于谋杀，而不是自杀。

## 82. 完美的毒杀

【案件回放】

小美决定在同学聚会上杀掉闺密。小美和闺密是从小到大的朋友，原本感情非常好。一年前，闺密插足小美和丈夫的婚姻，并导致小美因此失去一个孩子。从此，两人的关系就一落千丈。不过，闺密和小美的丈夫并未走到一起，反而因为这场风波失去工作和感情。

去参加聚会之前，小美精心打扮，气质绝佳。当她款款出现在现场，接受着众人的恭维时，她看到闺密的脸上露出痛苦而绝望的神色。她装作视而不见，热情地和每个人打了招呼。

现场气氛越来越热烈，闺密也打开了话匣子，不断地抱怨自己的人生太失败，不仅失去了朋友，感情没有着落，连工作也一败涂地，最后还眼泪汪汪地说活着真是没意思。很多人都劝她不要灰心，从头开始。小美也越过桌上的一堆杯碗盘子，将纸巾递给闺密，闺密擦了眼泪，坐了一会儿，便拿起酒杯喝了起来。小美去了卫生间，其他人也就转移注意力开始了其他的话题。几分钟后，闺密提出身体不适先离开。众人将她送上车后，就继续聊天了。

不料，两个小时后，众人正准备离场的时候，却听到了闺密在回家的路上中毒身亡的消息。很快，警察来到酒店详细调查，发现现场的所有物品中除了闺密的酒杯有小剂量毒物外，其他的物品上都没有有毒物质。再加上众人的证词和现场的监控证明，闺密情绪极度低落；没有任何人接触过闺密的杯子，警察认为闺密系自杀。

得知警察的结论，小美露出了不易觉察的笑容。请问，闺密是怎样中毒的?

**【推理分析】**

小美与闺密之间早有矛盾，而小美也因此起了杀心。从本案来看，现场唯一和闺密的酒杯有近距离接触的机会就是小美递纸巾的那刻。她将毒物藏入指缝中，借着递纸巾时手经过酒杯上方的不经意的机会，将毒不露痕迹地放进酒杯。这样，小美只需要将手清洗干净，就不会露出任何马脚，可谓完美的毒杀。

## 83. 有效线索

**【案件回放】**

小陈去某城中村中找老同学讨债。两年前，老同学以在老家买房为由从小陈这里借走了5万元，说好3个月就会归还，但如今两年过去了，老同学却一分钱未还。如今，他自己也面临买房结婚的人生大事，资金一时周转不开，只好再次去讨要欠款。

到了老同学家门前，他按了门铃，老同学很快打开了门。

小陈直截了当地说明来意，并要求对方必须要当天还钱。

谁知，老同学不仅没有还钱的意思，还讥讽："真够小气的，不就几万块钱吗？就像要了命似的，天天要天天要，难怪你上一个女朋友跟你分手……"

小陈越听越气，情绪失控之下就用力推了对方一下。不料对方脚下没站稳一下子向后跌去，头部撞到摆放在客厅一侧的鱼缸尖角上，还没来得及施救就失去了生命体征。

小陈大惊失色，正要夺门而出，脑中灵光一闪，转身回来，拿起卫生间的工具，将客厅、卫生间里里外外地擦洗了一遍，并在水龙头前将工具清洗干净，然后脱下自己的鞋子，套上老同学家中的新的一次性拖鞋走出门，一直走出小区，然后换上自己的鞋子离开了。

一周后，周围的住客闻到恶臭，再加上一周时间都没有见到老同学出门，心生疑惑，遂报警。警察到场后敲门没人回应，只好撬开门，结果发现了死者。对现场仔细勘查后，他们找到了有效线索，并通过指纹比对顺利找到小陈。请问，小陈已经擦除了现场所有的痕迹，又没有监控，警察是在哪里找到有效线索的？

**【推理分析】**

小陈在惨剧发生后将整个房间擦洗了一遍，并且穿走了死者的一次性拖鞋，已经破坏了现场，所以警察在这里找不到线索。整个小区都没有监控，所以也不可能提供监控。但是百密一疏，小陈在整个过程中忽略了一个很重要的因素——水龙头。他接水的时候接触了水龙头，但是忘了擦去水龙头上的指纹，以至于留下了有助于破案的指纹。

## 84. 谁拿走了钱

**【案件回放】**

玛丽家丢失了1000美元，她怀疑自己的孩子拿走了，因为她的孩子们以前也做过这种事。但是她不确定到底是哪个孩子拿了。这些钱虽然不多，但是她认为孩子们的这种近乎偷盗的行为一定要得到惩罚。于是，她把4个孩子叫过来一一询问。

大女儿凯莉说："是乔治拿的。"

大儿子乔治说："是妹妹艾米丽拿的。"

二女儿梅梅满不在乎："反正我没拿。"

小女儿艾米丽说："乔治哥哥撒谎。"

事实让玛丽非常伤心，因为她的4个孩子中竟然只有1个孩子说的是真话。那么到底是谁拿走了这1000美元？

**【推理分析】**

我们可以用逻辑分析的方法来弄清楚这个问题。由案例中给出的条件可知，只有一个人说的是真话。但同时，说真话的未必是拿钱的，没拿钱的也未必说假话。

假设凯莉说的是真话，那么钱就是乔治拿的，乔治说是妹妹艾米丽拿的就是假话，而二女儿梅梅说的自己没拿也是真话。这个结果与只有一个人说真话这个条件不符。所以，凯莉说真话这个假设不成立，那么凯莉说的就是假话，由此也可以得知乔治没拿钱。

假设乔治说的是真话，钱就是艾米丽拿的。那么二女儿梅梅说不是自己拿的就是真话。这个结果同样不符合前提条件，所以乔治说的也是假话，即艾米丽没拿钱。同时艾米丽说的也是真话。

由以上推理可知，二女儿梅梅说的是假话，也就是说拿钱的是梅梅。

因此，整个推理过程的结果就是：拿钱的是二女儿梅梅，说真话的是小女儿艾米丽。

## 85. 罐子上的指纹

**【案件回放】**

一位老人被紧急送往医院，但抢救无效去世，医生得出结论：老人死于中风。但一位资深的医生认为老人真正的死因并非中风，而是中毒，虽然表象很轻微，但有些还是表明其体内有毒。出于谨慎，死者的儿子决定让医生进行检查，结果发现老人体内有微量的砒霜，来源是老人长期食用的一种进口营养品，而且已经持续中毒达一年之久，而中风只是老人中毒之后诱发的疾病。得知这一结果，儿子果断报警。

警方接警以后迅速找到死者家中剩下的那罐进口营养品，发现上面只有两组大小、间距差不多的指纹，经比对，确是死者的儿子和儿媳微微的指纹，于是将嫌疑人锁定为死者的儿子和儿媳。

死者的儿子高高大大的，说话非常利索，他告诉警方："我在外面很忙，很少有时间回家，所以，父亲是由我的妻子微微照顾的，我只是定期给她一笔钱日常使用。那种营养品是我从国外直购后邮寄到家的，每次只能买一罐，两个月一罐，吃完就买新的，这罐我都没有碰过，上面怎么会有我的指纹，一定是我妻子陷害我，也一定是她下的毒。"

微微是一名身材娇小的女子，她哭着说："公公自从瘫痪在床后就是我照顾，我将他当作自己的父亲，怎么可能去毒害他，你们肯定弄错了。我的丈夫经常不回家，还跟我抱怨过父亲的病拖了这么多年，实在是烦透了，一定是他下的毒。"

询问无果后，警方只好从其他方面下手。他们调查了死者儿子的出行记录，发现他自从那罐营养品买回来后，确实没有回过家，也没有接触过罐子。但上面的的确确有他的指纹，这是怎么回事呢？

后来，警方再次比对指纹的时候，意外地在指纹上发现了秘密，并最终破获了案件。原来，微微因为对丈夫的怨恨，心里萌生了对丈夫父亲的恨意，认为是其父亲造成了丈夫不负责任的性格，于是对其父亲伸出了毒手。她利用指纹套在丈夫买来的从未触摸过的罐体上伪造了丈夫的指纹，意图嫁祸给他。

警方在指纹上发现了什么秘密？

**【推理分析】**

问题出自指纹的大小、间距上。死者的儿子个子高大，其手指间距、指腹间距等也比较大，而微微个子较小，其手指间距、指腹间距等也比较小。微微将指纹套套在手指上，虽然可以伪造指纹，但无法伪造手指间距、指腹间距等。而警方在营养罐上发现的指纹大小、间距差不多，就说明指纹很可能是伪造的，警察正是意识到了这一点，才破获了案件。

## 86. 密室里的自杀案件

**【案件回放】**

一天，警方接到报案称，某小区发生命案。警方马上赶到现场对案发地采取保护措施。经勘查，死者躺在床上，酒味浓重，显然生前喝过大量的酒；其胸口插着一把水果刀，鲜血浸透了薄薄的睡衣；身上衣服整洁，身下被褥也没有挣扎的迹象，房间里除了死者的母亲、妻子、孩子、管家的痕迹外并无其他人的痕迹，连刀身上也只有死者的指纹；门窗都关着，窗玻璃也没有破碎；因为房子是新装修不久的，还带着装修后特有的淡淡的味道，所以门窗封闭性很好，没有任何被撬的痕迹；尤其是门窗还是特意定制的，在门内上锁的情况下，要打开门只有破坏锁具或者拆掉门。在检查死者的遗物时，警方发现了一张中度抑郁症的诊断书以及一份两年前的婚前财产公证书。警方根据种种迹象，初步认为死者可能是自杀。

随后，警方对死者的家人和管家进行了询问：

母亲哭着说："是我报的警。今天3点钟的时候，我在楼下整理花园，我儿子回来了，他喝了很多酒，走路不稳，我就扶他上楼进房间睡觉，然后我就关上门出来了。一直到晚上6点钟，他还没出来，我就去叫他吃饭，然后发现门从里面反锁了。我觉得不对劲，就去次卧看，从那儿的窗户的侧面可以看到这个房间的情景，结果就发现他出事了。我就报了警，然后我和儿媳就在楼下等你们过来。我儿子不可能自杀的，他的孩子刚刚6岁，他上周还订了机票，打算这周六带孩子去夏威夷度假。”

妻子：“我今天一下午都在楼下陪孩子，孩子过两天就要去夏威夷，我和孩子会有很长时间见不了面。我们俩的感情从一年前就出了问题，所以，他的事情我一般不过问。今天下午，我知道他回来了，听到他说了几句醉话就上楼了，接下来的事情你们都知道了。我认为他是自杀的，因为门是从里面锁上的，外面的人进不去，而且他有抑郁症。”

管家：“我今天下午一直在房子里打扫卫生，从楼上到楼下。先生回来的时候，我已经整理过楼上的主卧，再加上主人在睡觉，所以就没有再去打扰。”

警方仔细分析却看不出破绽，只好将采集到的证物带回警局检查。一天后，虽一番折腾却一无所获，警方无奈，决定再次查验现场。他们对房间进行了地毯式搜索，搜查到死者房间门那里的时候，主管案件的警察疑惑地皱了皱眉，吸了吸鼻子，不动声色地让人去查房子周边的监控。很快，他们发现前一天晚上有一辆大容量的车从房子的车库开出去。于是，警方马上抓捕了死者的妻子和管家。经过突审，妻子交代了杀人动机：丈夫察觉了自己和管家的恋情，提出离婚，但家里的所有财产都是丈夫的婚前财产，一旦离婚自己将一无所有，而孩子的抚养权也将因此归丈夫所有，因而动了杀心。

那么，在整个案件中，警方是从哪里找到了破绽？

【推理分析】

破绽就是死者房间的门。在本案中，由于死者的母亲在发现死者之前一直在花园中，所以妻子和管家有足够的时间作案；家里新装修，所以有装修的味道在所难免。死者酒后睡觉不可能爬起来锁门，而外面的人也不可能从里面锁上门后再出来，要做到门窗紧闭、杀死死者后将门从里面锁上、没有其他进出通道的密室自杀效果，方法就是从外面直接将门换掉，用新的已经从里面锁上的门代替旧的门，然后在死者母亲和妻子在楼下等待警察到达的时间里将门加固。所以，才会出现门的味道比其他地方的味道重的现象。警察正是因为意识到了这一点，才想到要去调查近期死者家中有没有进出过足以装下门的车子，从而弄清楚了死者死亡的真正原因。

## 87. 胡同里的假案

【案件回放】

一天傍晚，巡逻的警察小谢路过一个胡同，突然听到里面传来呼救的声音。他马上跑进去，看到一个快递员正坐在地上大哭，不远处就停着他的快递车。小谢走上去询问，对方说："我正要去送一个快递，走到这里突然就被人抢了包，那人骑着车从后面一伸手拽了我的包就跑了，慌慌张张间，我也没看清他长什么样子，就看到他背影挺高的，穿着高领T恤，胸前的皮肤上似乎文着一个图案。我的包里装着这个月的工资，这下可怎么办？”

问清楚抢劫犯的去向，他马上追了上去，不料追了很远也没有见到嫌犯的影子。他正疑惑间，突然意识到了什么。他走回去，找到那个快递员，一通盘问后才知道，原来对方是因为与人赌博输了工资，怕回家不好交代，才撒谎说遭遇抢劫。

那么，小谢是怎么发现这是假案的？

**【推理分析】**

从背后看是不可能看到胸前文着什么的，更何况是衣服遮盖下的胸前皮肤上文了什么就更看不到了，所以这个快递员是在报假案。

## 88. “女儿”的手机

**【案件回放】**

刚送浩宇去学校回到家中的王女士走进门，在沙发上坐下来，拿起早餐吃起来。突然接到了一个陌生的电话：“你好，我是你女儿的同学，她的手机坏了，开不了机，这会儿老师正收书本费300元。但是她没带钱，你女儿让我告诉你，把钱转到我的手机上，由我转交给老师。”

王女士看了看儿子的书桌，不动声色地说好，然后转手将电话打到了移动投诉平台。

王女士是怎样识破对方的？

**【推理分析】**

首先，王女士的孩子是男孩，不是女孩；其次，王女士的孩子上学时根本没有带手机，所以她很确定对方是在诈骗。

## 89. 哪个哥哥出事了

**【案件回放】**

因为父母遗产继承的问题，大哥林祥、二哥林武、三弟林城之间爆发了极大的矛盾。大哥林祥坚持认为小弟已经拿到了父母名下的三套房，何必再争夺区区二三十万的钱呢？

不过这种局面终究被打破了。一天清晨，大哥林祥被人发现死在离家不远的林荫道上，死因为背后中刀。警察在现场找到了大哥林祥的手机，上面第一个电话号码就是小弟林城的，所以，警察便第一时间将电话打给了林城："你哥哥出事了，他死在林荫道上。"

林城："什么，我大哥死了？唉，我们虽然有矛盾，但我绝对不会做出杀人的事情，你们一定要查出到底是谁干的。"

随后，警方又将电话打给了二哥林武："你的兄弟出事了。"

林武非常震惊："什么？谁？你说的是我哥还是我弟弟？我现在马上过去。"

挂了电话，警察马上决定逮捕小弟。

为什么？

**【推理分析】**

因为警方在通知小弟的时候并未说明到底是哪个哥哥出事了，

而他在没有得到任何消息的情况下，就肯定是大哥林祥出事。所以，他即使不是凶手，也必定是知情人。

## 90. 小红做的菜式

### 【案件回放】

朋友在一起聚餐。吃腻了菜馆里千篇一律的饭菜，大家决定尝尝家常菜的味道。于是，5个人八仙过海、各显神通，纷纷端出了自己的拿手好菜。因为大家来自五湖四海，所以做的菜式多种多样，有川菜、鲁菜、湘菜、粤菜、上海菜，摆了满满一大桌子。下面是5个人对自己做的菜的介绍：

小兰：小红做的不是粤菜；

小红：小叶做的是川菜；

小叶：小兰做的不是鲁菜；

敏慧：小兰做的不是上海菜；

阿紫：我做的不是湘菜。

已知5个人中做粤菜和上海菜的人说的是假话。请问，小红做的是什么菜式？

### 【推理分析】

如果小兰说假话，那么小红做的一定是粤菜，根据最后一个条件，小兰做的一定是上海菜，这样，敏慧说的话就是假话，与题意不符，所以，小兰说的是真话，即小兰做的不是粤菜和上海菜，小红做的不是粤菜，也说明敏慧说的是真话。

如果小红说的话是真的，那么小叶做的就是川菜，剩下的小叶和阿紫说的就是假话，也就是说小兰做的是鲁菜，阿紫做的是湘菜，剩下的小红和敏慧就是做粤菜和上海菜的人，也即二人是撒谎的人，而小叶做的不是川菜，这个推理过程前后矛盾，所以，小红说的是假话。

由上可知，小红做的不是粤菜，又说了假话，说明小红做的是上海菜。

## 91. 昏暗的房子

### 【案件回放】

玛格丽特非常生气地送走了她曾经的朋友夏洛特。她们原本是非常要好的朋友，不料，对方竟然借着在一个公司工作的便利，与自己的丈夫一起背叛了自己，而自己居然才知道这个消息。她气愤地摔碎了自己和夏洛特的合照相框，愤愤不平地坐在轮椅上，心中久久难以平静。

正在这时，她听到一串敲门声。打开门，是去而复返的夏洛特。

一个小时后，警方接到夏洛特的报警电话："您好，我刚才去我的朋友家，出门走了一段路才发现将包落在了朋友家。等我返回去的时候，却发现按门铃没有人应，电话也打不通，房间里的灯也关了，可是她绝对不可能出门的，她的腿不方便，我怀疑她出事了。"

接警的人听罢，马上安排人去了玛格丽特家。很快，警察来到玛格丽特家，发现确实如夏洛特所说，按门铃没有回应，打电话给玛格丽特的丈夫，对方正在国外出差，短时间内无法返回。没办法，他们只好撞开门，房间里黑漆漆一片，什么都看不见。夏洛特说：“我知道灯在哪里。”她从黑暗中走过去，很快打开了房间对面的灯。

他们发现玛格丽特低着头坐在轮椅上，头部鲜血淋漓，仔细查看，已经没有了呼吸和心跳。夏洛特惊恐地绕过玛格丽特，站到警察的旁边，张皇失措地说：“这是怎么回事，一个小时前我在的时候还好好的呢？”

没想到警察冷笑了一声说道：“夏洛特小姐，你为什么要这么做？”

那么，警察是如何断定夏洛特就是凶手的呢？

**【推理分析】**

漆黑的房间里，什么也看不见，而夏洛特却能够毫无障碍地绕过玛格丽特，说明她早就到过现场。

## 92. 凯恩到底有没有罪

**【案件回放】**

五大道附近一座大厦失火，造成了很大的损失。据调查，这场大火是有人蓄意纵火，警方找到了三名嫌疑人：汤米、凯恩、范。不过，进一步调查后，警方发现，这三人都居住在城市的另一边，与案发现场相隔两个小时的车程，且汤米不会开车，没有办法独自到达那座大厦，而范没有大厦的门禁卡，如果没有凯恩的帮忙，根本没有办法进入大厦，除此以外，没有其他人参与这起案件。

那么，凯恩到底有没有犯罪？

【推理分析】

如果汤米没有纵火，因为范没有大厦的门禁卡，所以，范和凯恩一定是合伙行动。

如果汤米纵火，因为他不会开车，他就必须借助范或凯恩其中一人帮忙，又因为范没有门禁卡，所以，凯恩必然牵涉其中。

结论就是，无论汤米有没有犯案，凯恩都参与了纵火案。

## 93. 野炊出人命

【案件回放】

A和B、C一起去野餐，三人同乘一辆车，A开车。到了目的地，他们发现来野餐的人很多，已经没有足够的空间让他们搭帐篷。于是，三人决定到离小溪不远的平台上去扎营，车就停在平台旁边放重要物品。

晚上，三人一起喝酒、聊天、吃烧烤，玩到很晚才回到帐篷里休息，A和B都喝多了，躺下就睡着了，C还保留着一点意识，将烧烤剩下的火源熄灭才回到帐篷。

第二天早晨6点半，A醒来上厕所，却发现B已经身亡，胸口插着一把刀。

警察闻讯赶来，对A和C进行了询问，却没有获得太多信息。问及其他人，因为平台距离太远，所以根本没有人注意到这边的动静。

随后，警方对现场进行了仔细的检查。现场只有A、B、C三人的脚印和指纹，前一天晚上留下的废弃品和火堆还在。酒精测试发现，三人的确是喝了大量的酒。调查一时陷入了僵局。

调查结束后，因为没有得出有效的结论，A、C被带回警察局接受进一步的调查，他们来时开的车自然也要开回去。警察向车子走去，绕过车头，来到车门处，他突然高兴地说："案子有转机了。"

请问，警察发现了什么？

【推理分析】

警察发现了行车记录仪。私家车一般都会配备行车记录仪。凶手趁着夜间在没有监控的野外行凶，并掩盖了所有痕迹，却忘了汽车上的行车记录仪。

## 94. 谁在说谎

【案件回放】

周五晚上，老黄、老李、老何和老陈例行聚餐，四人在老黄家里围着一张正方形桌子用餐时，老陈突然中毒身亡。面对警察的审讯，其余三人给出了这样的答复：

老黄：

（1）我坐在老李的旁边。

（2）坐在我右侧的不是老李就是老何。这个人不可能毒死老陈。

老李：

（3）我坐在老何的旁边。

（4）不是老黄就是老何坐在老陈的右侧，这个人不可能毒死老陈。

老何：

（5）我坐在老陈的对面。

（6）如果我们当中只有一个人撒了谎，那个人就是毒死老陈的凶手。

随后警方走访了附近的邻居，找到了一个目击证人，询问后得出了这样的结论：

（7）三人中有一个人撒了谎。

（8）三人中有一个人是凶手。

三人中究竟是谁在说谎？

**【推理分析】**

老黄说自己坐在老李的旁边，那么老何与老陈就应该是紧邻，但老何却说自己坐在老陈的对面，所以，这两人的说法矛盾，也就是说二人必有一个人在说谎。那么老李说的就是真话。

这样，这四人的座次就会有以下三种情况：

A.

　　老陈

老何　桌子　老黄

　　老李

在这种情况下，老何撒谎［不满足第（5）条］，老何也撒谎［不满足第（2）条］，与第（7）条不符，故排除。

B.

老黄

老何　桌子　老陈

老李

在这种情况下，老黄撒谎［与第（1）条不符］。但老黄不是凶手［由B的话得出第（4）条］，故老何也撒谎［与第（6）条不符］。故这种位次也不成立。

C.

老陈

老黄　桌子　老何

老李

在这种情况下，老何撒谎［与第（5）条不符］，故老黄说实话。由（2）知，老李不是凶手。由（4）知，老黄不是凶手。故老何是凶手。

结论：老何在说谎，是他杀了老陈。

## 95. 谎言

### 【案件回放】

威廉擦了擦手上的血，戴上手套，将网友玛丽莲的尸体移到阳台上，头朝下从阳台上丢到楼下，然后打开水管，手脚麻利地将卫生间冲洗干净，又用抹布擦掉了所有的脚印和指纹，最后关上了门，从侧门离开了玛丽莲家的独栋别墅。

两天后，威廉向警方报警，说自己的网友玛丽莲在通话中流露出轻生的意思，而且自己已经两天联系不上她，可是自己又不知道她住在哪里，只好求助警方。

威廉和警察赶到玛丽莲家，看到玛丽莲陈尸楼下，摔得面目全非，早已经死去。处理完尸体后，威廉作为报案人，和警察到玛丽莲家里去看看能不能找到什么有用的线索。威廉个子高大，一路走在前面，走过三个台阶，绕过一个走廊，来到玛丽莲家的客厅门口，然后将卧室门推开，走到阳台上往下望。警察仔细检查完现场后，当场下令拘捕威廉。

请问威廉为什么这么快露馅儿？

### 【推理分析】

人对自己从来没有到过的地方必然是非常生疏的，而威廉声称自己从来没有来过网友的家，却熟门熟路，对网友家的格局、布置、物品的摆放等一清二楚。所以他是在撒谎。

## 96. 灭口案

**【案件回放】**

交通肇事致人死亡后，罗曼惊慌失措地来到情人家，本指望一向善解人意的情人能够帮忙出谋划策，却不料对方见到他一手的血迹，居然翻脸不认人，声称要去告发他。罗曼惊怒之下掐住情人的脖子让她不要再说话。等他反应过来，发现情人已经死亡。在屋子里僵坐了一个多小时，罗曼才想到办法。

为了掩盖现场，罗曼找来一根与死者脖子上的掐痕宽度差不多的带子，打成活结套在死者的脖子上，然后将带子的一端抛上房梁，将死者吊起来。然后他戴上手套清理了现场，并在一个凳子上按上了死者的指纹，将凳子放到死者脚下，伪造成自杀的样子就离开了。

一切看上去天衣无缝，不料，警察发现尸体后，仔细检查一番就马上将案子定性为他杀，并很快找到了罗曼。

请问，罗曼忽略了什么？

**【推理分析】**

死者被掐脖后脖子上会留下一段青紫的指印，而人死亡以后，血液很快就会停止流动，这时罗曼再用带子吊起死者，死者脖子上形成的痕迹的深浅、宽窄和角度都会很不一样。借此，警方很容易就能判断出来死者是自杀还是他杀。

## 97. 柜台交易

【案件回放】

沈云、王枫、赵敏三个人一起去超市购物。她们每个人都买了自己需要的东西，而且每个人买的东西都不一样。回家的路上，她们遇到的朋友问她们都买了什么，沈云说："王枫买的不是手套，赵敏买的不是发夹。"王枫说："沈云买的不是发夹，赵敏买的不是裙子。"赵敏说："沈云买的不是帽子，我买的是裙子。"她们三个人，每个人说的话都是有一半是真的，有一半是假的。那么，她们分别买了什么东西？

【推理分析】

在这三句话中有两句都是针对沈云和赵敏的陈述，比较容易判断真假。由于赵敏的话有明确的指向，我们先从赵敏的话入手，假设前半句为假，后半句为真，那么沈云买的是帽子，而赵敏买的是裙子，所以王枫的前半句为真，后半句为假，即沈云买的不是发夹。进一步推论，则沈云的后半句为真，前半句为假，即王枫买的是手套。

反过来，假设赵敏的前半句为真，后半句为假，那么沈云买的是帽子，赵敏买的不是裙子，所以王枫的话全部为真，这与每个人说的话都有一半为真、一半为假的前提不符，所以该假设不成立。

结论：沈云买的帽子，王枫买的手套，赵敏买的裙子。

## 98. 头上的太阳帽

【案件回放】

小城的商业中心惊现一具尸体，死者躺在一栋12层楼高的大厦脚下。死者身下一摊血，衣衫凌乱，太阳帽还整整齐齐地戴在头上。

根据周边的地形和死者的伤势，当地警方初步判断死者是跳楼自杀身亡。

不过案子上报上级警局后，派来的法医看到尸体却说现场一定是伪造的，这明明是他杀。当地警方想不通，而当法医说明理由后大家都认可了这个判断。

法医究竟发现了什么？

【推理分析】

如果真的是跳楼，下坠时的风必然会吹掉死者头上的太阳帽，太阳帽不会还好好地戴在死者的头上。所以现场一定是伪造的。

## 99. 礼物盒

【案件回放】

愚人节那天，周洋按照女友的喜好为女友准备了一份大礼。为了制造节日的感觉，他将这份大礼和另外两份小礼物一起藏在三个盒子里，这三份礼物的颜色分别是红色、绿色、黄色，而礼物的盒子也是这三种颜色，但每个盒子里的礼物和盒子的颜色都不一致。已知女友最喜欢的是黄色，那么请问，周洋的女友要打开几个盒子才能找到自己最喜欢的颜色的礼物。

**【推理分析】**

因为每个盒子上的颜色与盒子里的礼物的颜色都不一样，那么其女友只要打开其中一个盒子，就能够知道剩下的两个盒子里礼物的颜色。

## 100. 盆里的肥皂泡

**【案件回放】**

妈妈下班回到家，发现家里的好几条小金鱼已经死去，毫无声息地躺在地上，显然已经好一会儿了。她顿时火冒三丈，大声地叫两个孩子过来。

哥哥小军说："不是我干的，我洗完澡就出去玩了，已经两个小时了，你看，洗澡水还没倒。"妈妈看了看，洗澡盆里的确有很多水，水面上还飘着不少肥皂泡。

弟弟小武看着地上的金鱼吃惊极了，说："我一直戴着耳机在卧室里做作业，做手工，明天要交给老师的。"说着，他将自己的作业和手工拿给妈妈看，作业每个字都写得工工整整，而手工则是一套非常有创意的航空模型。

妈妈看着两个孩子严肃地说：“我已经知道是谁做的了，但是我希望你能够自己承认错误。”

是谁摔死了金鱼？

【推理分析】

两个小时的时间足以让盆里的肥皂泡都消失。小军说他洗完澡在外面玩了两个小时才回来是在说谎。所以，鱼是小军抓出来摔死的。

## 101. 人生赢家

【案件回放】

小米、小文、安伟、阿燕都年过三十，不依靠父母而是自力更生的他们都已经获得了一定的成就。

已知，这四个人中，有三个人已经结婚生子，有两个人已经成为公司高管，有一个人拥有五处房产，每个人都有自己的得意之处。

小米和小文对自己的事业现状不是很满意，小文和安伟都已经结婚，安伟和阿燕中只有一个人结婚生子。

四个人中只有一个人既结婚生子，又家底丰厚，还有自己喜欢的工作，被大家称为人生赢家。

那么，你知道那个所谓的人生赢家是谁吗？

**【推理分析】**

| | 小米 | 小文 | 安伟 | 阿燕 |
|---|---|---|---|---|
| 结婚 | 婚 | 婚 | 婚 | |
| 工作喜欢 | 不满意 | 不满意 | 满意 | 满意 |
| 家底丰厚 | ? | ? | ? | ? |

根据以上推理可知，小米、小文、阿燕都只有一个满足条件，而安伟有两个满足条件，如果说四个人中只有一个人是人生赢家，那么这个人更可能是安伟。

第四章

# 发散推理：发挥想象力，突破思维迷障

## 102. 熟人所为

**【案件回放】**

一天凌晨，杰克的妻子报案说杰克被杀了。她向警方描述了当时的情况："我们正在卧室里睡觉，突然感觉房间里有动静，我睁开眼睛，房间里黑乎乎的，而手上感觉黏糊糊的，我推了推我丈夫，却发现他一点反应都没有。我吓坏了，大声呼救，住在隔壁的几个邻居听到动静马上来敲门。我就打开门，大家打开了灯，然后帮忙保护了现场，我就报案了。"

"你没听到有人出去或者进来吗？"

"没有，我睡着了不知道，但是我确定在邻居们来之前没有人出去过。那个门开的时候会发出奇怪的声音，但我没有听到有人开门。"

接待的警察当即到现场查看，仔细分析后认为，凶手一定是熟人。

警察为什么这么认为？

**【推理分析】**

案发时，房间很黑，而杰克的妻子也并未听到有人开门出去。结合邻居们到场后进入房间才开灯，死者当时很可能还在房间里，等邻居们进来后，凶手混入邻居中，装作是跟在邻居身后的样子。所以，凶手一定是熟人。

# 103. 奇怪的来信

【案件回放】

一位小说家收到了一封奇怪的来信，信是他最好的朋友寄来的。几个星期前，朋友到外地去旅行，后来便没有了消息。小说家仔细地阅读了这封信。

亲爱的：

好久没给你写信了，你的小说写完了吗？出门这几个星期，我看到了很多风景，也想了很多，我想和你说说我的心得体会，希望你务必认真读下去。

记得瑞恩跟我说过："没有人可以永远保持巅峰状态。"

我也以为永远无法达成梦想，但这次旅行让我明白，也许我们不能永远保持巅峰状态，但是我们可以让自己永远保持最好的状态，不是吗？

那天，我们去参观汽艇生产厂，在那里，我看到了一艘艘小船是怎样被制造出来，怎样出海的。

那震动人心的情景修正了我心里的歧途，它使我的心里重新充满了希望和斗志，毕竟，未来的事情还没有定局，你说呢？

旧事已矣，来日方长。

我很高兴我终于醒悟。

最后，祝你天天快乐。

朋友，等待我的归来吧！

朋友，有你的期待，即使是3、9、9、9、1、1、8、9这样无聊的数字都让我兴趣盎然。

你的迷途知返的朋友：A

小说家看完信，略一思索马上就报警了。6个小时后，朋友被成功解救。

请问这封奇怪的来信到底隐含了什么信息呢？

**【推理分析】**

信中隐藏的信息在数字“3、9、9、9、1、1、8、9”中。这些数字在正文的每句话的相应位置都对应着一个字，这些字依次为瑞、达、汽、修、旧、我、快、来，合起来就是“瑞达汽修，救我，快来”。

## 104. 毒蜂杀人案

**【案件回放】**

初秋的一天，阿武照常步行去上班。这条路上行人很少，所以，他一边走一边伸展着胳膊做锻炼。当他走到一处灌木丛的时候听到了很刺耳的音乐，突然从脚下的灌木丛中涌出一大群蜂，劈头盖脸地朝他扑过去。阿武发出一声惨叫，试图猛跑离开此地，但蜂越聚越多，有的甚至扑到他的脸上，在他眼睑上蜇了几下。剧痛中，他挣扎了几下，脚下一个踉跄，摔倒在地。

20分钟后，终于有行人从此地经过。这时，阿武已经满身红肿，倒在地上昏迷不醒。紧急送到医院后，阿武因伤势过重，不幸身亡。

事后，警方调查发现，灌木丛处有一窝蜂，此蜂剧毒，但轻易不攻击人，因为蜇人后蜂会死亡。不过根据周边痕迹，此窝蜂似乎刚在此定居。此外，警方还在距离蜂窝大概两米远的灌木丛中发现了一块黑色的布和一个可以定时的录音机。

请问，阿武之死到底是意外还是谋杀？

**【推理分析】**

阿武死于谋杀。因为蜂在听到强刺激的音乐后会发狂。现场出现的录音机说明凶手是将蜂移到此地后，特意将录音机的时间设定到阿武上班经过的时候，这样，被刺激的蜂就会疯狂攻击阿武，从而“帮助”凶手达到杀死阿武的目的。

## 105. 凶手是自己

**【案件回放】**

65岁的知识分子老胡因为身患重病，被女儿接到身边照顾，但是两个月后的一天，下班回家的女儿愕然发现家里被翻得一团乱，藏在柜子里的2万元现金也不翼而飞，而她的父亲趴在地上，后脑一片血污，地板上也是一大摊血迹。她马上报了警，声称自己的父亲被人杀死在家里。

警察到场后发现死者的死亡原因是后脑遭重击后失血过多；死者趴倒的地方在书房的哑铃旁边，哑铃似乎被扔在地上，将木地板砸出一个坑；哑铃一头的锤上有老人的血、指纹和女儿的半个指纹，同时，被手握住的地方还有被擦拭过的痕迹；在80厘米高的书桌上放着一个杯子，杯子里的茶水被打翻了，地板上到处都是。警方初步认定是盗贼入室盗窃，后遇到主人，于是残忍杀害了主人。

两天后，保险公司上门为老胡的女儿送上了120万元意外身故赔偿金。

与此同时，警察花了一周的时间，仔细调查了周边的所有监控，并提取了现场和门外的所有指纹，却一无所获。

万般无奈之下，警察只好再次勘查现场。现场并没有被破坏，警察仔细观察后突然发现书桌上和地板上的茶水渍浓度不一样。

几天后，此案告破，警方改变之前的看法，做出了杀死老人的是他自己的结论。

老人是怎样做到自杀似他杀的？

**【推理分析】**

老人为了不拖累女儿，选择了自杀。但自杀是得不到保险赔偿金的，所以老人选择了伪装他杀。他将哑铃竖放在桌子上，并用冰块将哑铃平衡住（现场的茶水渍浓度不一），然后选好角度趴在地板上。等冰块融化，哑铃失去平衡砸下来，正好砸在老人的后脑上。

## 106. 避暑胜地的意外事件

**【案件回放】**

炎热的夏季到来了，一处避暑胜地的一栋三层别墅里也渐渐热闹起来，不断有人入住。一天晚上，大家正在房间里休息，突然从某间房里传来一声刺耳的尖叫。大家跑出来一看，发现声音是从三楼的一个房间传来的。别墅管理人叫了几个人一起上去查看，发现房间里没人，朝外开的窗子开着。管理人疑惑地四处查看，最后推开了窗子，意外地在楼下地板上看到了住在这个房间里的女子。

管理人急忙报警。警察发现死者头部朝下，已经死亡。除此以外，警方没有在尸体上发现任何伤情。警察在房间里没有发现闯入的痕迹，所以起初，警察认为死者是自杀或不慎失足。但后来警察发现与死者同住的男友曾经在出事前与死者发生了激烈的争执。

后来，警方在寻找附近的目击者的时候，一位同住别墅的男子告诉警方说："我当时在楼下的花园里散步，我看到她的男朋友推开窗户，然后死死地拽着她的头发将她扔到窗下，真是太惨了，那么多血。"这位目击者的证词似乎更坐实了死者男友故意杀害死者的事实。警方将这条新的线索记录在案。

不过后来，警方还是将死者的男友释放，转而抓捕了那位目击事件的男子。事实证明，正是这名男子盗窃时被死者发现，于是残忍杀害了死者。

请问，警方为什么要抓捕他？

【推理分析】

在本案中，女子倘若被拖拽着头发扔到楼下的话，头皮上会有一定的毛囊伤，不过警方并未发现这一点，但目击证人说自己看到死者男友抓着她的头发把她扔到楼下，所以，虽然不知道其目的，但毫无疑问的是，他的确是在说谎。

## 107. 突如其来的水瓶

【案件回放】

陈某夫妻俩开着车从高速上往郊区方向开，打算在下午6点前到达亲戚家。开着开着，陈某发现前面一辆本来行驶平稳的车子突然一个抖动翻滚在公路上，陈某吓坏了，赶紧往另一侧打方向盘，虽然避开了翻倒的车辆，但还是撞上路边护栏，陈某夫妇当即失去了意识。

交警得知消息，马上赶到现场，发现陈某夫妇重伤，而另一辆车上的人员全部丧生。一番排查后交警在现场并未发现任何异常，只在高速路的另一侧见到一个扁了的塑料水瓶。

到底发生了什么？

【推理分析】

有人在高速公路上扔水瓶。高速行驶的车辆被突如其来的水瓶撞上无异于飞机撞上飞鸟，很容易出事故。

## 108. 疯狂的牧羊犬

【案件回放】

小慧要出远门几天，可她养的一只牧羊犬无处寄存。要知道，在这座小城市里，根本就找不到像样的宠物寄养店，而家人本就不同意她养狗，自然不会帮忙照料。万般无奈之下，她只好将牧羊犬交托给唯一的同样爱狗的朋友小莫。

三天后，小莫被人发现死在家中，死因是被狗咬中咽喉致命。大家都以为这是一起对宠物照顾不当引发的意外事故，也正因此，周围的人都在责备小慧不该养狗。

不料，警方在检查了小慧和死者的通话记录以及手机信息后断定这是一起谋杀案件。

这是为什么呢？

【推理分析】

小慧早就对牧羊犬进行了训练，刺激物就是手机的铃音。她用朋友小莫的手机铃声对牧羊犬进行强烈刺激，使其一听到这个音乐就会发狂，甚至疯狂攻击人。

## 109. 没有凶手的脚印

【案件回放】

大雪纷纷扬扬地下了几天后终于停了，积雪覆盖了整个城市。小薇踏着厚厚的积雪穿过一条偏僻的巷子到离家不远的公司去上班，走着走着，看到雪地上堆着一个高高的雪人。雪人胖鼓鼓的，脖子上绕着一段丝巾，小薇不免多看了一眼。谁知，等她从雪人的背后经过，走到前面时，突然发现雪人的身体上靠着一个人，那人落了一身的雪，脖子上绕着另一段丝巾。等再走近一看，小薇发现那人居然脸色铁青，一动不动。吓坏了的小薇颤抖着报了警。

警方来了以后发现雪人身边那个人已经死去了38个小时，死因是机械性窒息。周围的雪地上10米左右的距离内有一排死者的脚印，但没有凶手的脚印。警方一度怀疑过这不是第一现场，但经过周密的调查，发现死者正是走入这条巷子后就没有出去过，而巷子两旁的楼房里也没有发现死者的印迹。正在疑惑的时候，一位老警察听到了他们的议论，笑着说了一句话，解开了众人的疑惑。

你知道老警察说了什么吗?

**【推理分析】**

老警察说的是：“这还不简单，换鞋子后背起来就行了。”死者死在现场，但现场又没有凶手的脚印，就说明现场是伪造的。那么，在死者和受害者在同一个现场的情况下，要伪造一个只有死者的脚印的现场，凶手可以把人杀了以后穿上死者的鞋子，然后将死者背起来或者抱起来即可。

## 110. 包上的破绽

### 【案件回放】

一天凌晨，一名小偷从一家金店偷走了价值100万美元的金饰。他将偷来的金饰装在一个公文包里，然后出门离开了。

早上8点钟，工作人员一上班就发现店里被盗了，于是马上报警。警方接警后很快行动起来，调查了金店附近的监控，因为角度的问题，监控只找到了三个背影相似、提的包也一样的男子从店前经过，并未拍下其正面。不过，警方看了监控以后，马上就看出了其中一人的异常。

请问，警方是如何在三个背影、提的包都很相似的人中发现异常的呢?

### 【推理分析】

破绽在重量上。按照300元（人民币）/克的价格来换算的话，价值100万美元的金饰的重量大概为46千克，手提包里装入这样重量的物体，包的外观一定会发生变化。

## 111. 弄巧成拙

### 【案件回放】

为了除掉自己的竞争对手罗蒙，科伦精心计划了很久。这天，他避开监控，潜进了罗蒙的工作室。门虚掩着，他一推就开了。那是个加工艺术品的地方，房间里地板上摆放着很多半成品、工具、材料，靠墙还一层层摞着大量的各种各样的艺术品，最小的有手臂长，最大的高达一米多，一直摞了两米多高。艺术品摆放得很整齐，科伦拿起其中一个掂了掂，挺重。他想了想，开始调整艺术品摆放的角度，使每一个艺术品的重心都稍向前倾，这样，罗蒙只要触碰到其中任何一个点，整面的艺术品就会塌下来，足以置罗蒙于死地。不过，从外表来看，艺术品的摆放与原来的摆放方式并没有什么差别。做好这一切，科伦将门关上，原路返回。

可是，第二天，科伦非但没等来罗蒙的死讯，反倒等来了他严厉的斥责。

这是怎么回事？

**【推理分析】**

门原来没关，后来科伦走后反而将门关上，这对于一个从事艺术的注重细节的人来说是很容易发现的。科伦进出罗蒙工作室的样子也被门口的监控拍到了。

## 112. 泰山日出图

**【案件回放】**

一名摄影师被杀死在自己的摄影室，死者手中拿着一张照片，照片上是泰山日出的情景：崇山峻岭的云海间，一轮红日若隐若现。其身下有一道长达3米左右的血迹，显然死者临死之前爬行了一段距离。周围的地板上散落着大量的照片，那些照片没有什么特殊的地方，基本上都是人物照、风景照。警方认为死者之所以拿着那张照片大概是巧合。除此以外，警方在现场没有找到任何有用的线索。调阅监控后，警方一一排查，终于锁定了两个嫌疑人：一个是某官员秘书，一个是小摊贩，事发时两人都曾与死者有过照面。

但这两个人彼此不认识，周围的邻居也都说从未见过他们与死者有过单独的接触，更不曾发生过矛盾。除了与死者住在同一栋楼外，他们之间没有其他的联系。后来，一位思维活跃的年轻警察在整理嫌疑人的资料时哈哈大笑道："我们的思路都被局限了，原来答案这么简单。"后来，警方按照年轻警察的思路再次审讯两人，终于找到了杀害摄影师的凶手——某官员的秘书。

那么，年轻警察所谓的答案到底是什么？

**【推理分析】**

原来，摄影师曾给某官员画过一幅泰山日出图，摄影师临死前将泰山日出的照片握在手中，其意就是在提醒人们杀害自己的人的身份。年轻警察发散思维，意识到死者的意图，从而找到了真正的凶手，使案子得以告破。

## 113. 血型报告

**【案件回放】**

农村的夏季的午后，村民都在午睡。小秦睡不着，出来散步的时候正好遇到女友，便约了女友到刚刚装修好的位于村头的婚房去看看。两人走着走着就吵了起来，不觉已来到婚房。吵到激动的地方，女友拼命捶打着小秦，被小秦一推，女友就失去平衡向后倒去。意外的是，女友的后脑正好磕到一个桌角上，只听女友发出一声惨叫，再也没有了声音。小秦吓得魂不附体，本能地跑出去，跑了一段路，他又回来将房间里的一切痕迹都抹去，这才放心离去。

3个小时后，当他若无其事地做事的时候，警方突然找上门，声称他涉嫌故意杀人。小秦大呼冤枉，但在警方拿出的证据面前却一句话都说不出来了。

请问，警方拿出的是什么证据？

【推理分析】

虽然他抹去了一切痕迹，但问题也正出在此：他与女友两人一同去了婚房，而现场却没有任何痕迹，显然是欲盖弥彰。

## 114. 名单藏到了哪里

【案件回放】

某地流窜着一伙毒贩，他们已经作案多次，人数众多，组织严密，行事谨慎而狡猾。警方曾经多次实施打击行动，却只是抓到一些小角色，重要成员一个也没有抓到。

7月的一天，警方从卧底人员那里得知团伙中的一个重要成员晚上要到某宾馆休息，并且他随身带着一份团伙重要成员接洽、运输、销售货物的名单，于是马上调集警力，悄悄地到宾馆蹲守。因为警方这次行动极度保密，所以该团伙成员并未察觉到，大摇大摆地进了宾馆。

随后，警方开始行动，迅速包围了整个房间，连窗户都没有放过。没想到，警方到门口的时候还是惊动了对方，等他们进去的时候，发现对方正趴在窗台上准备逃跑。警方马上抓住了该成员；房间里只有一台呼呼转着的台式风扇和一张床，而照明灯则是嵌在墙面上的，除此之外，什么都没有。警方对该成员进行搜身，并搜查了整个房间，拆掉了风扇和床，几乎要将地板给拆了，也没有找到那份名单，只好先把该成员带回去审讯。不过，最后他们还是在那个房间的范围内找到了那份名单——一张手指宽、暗黄的牛皮纸。

那么，毒贩将名单藏到了哪里呢？

**【推理分析】**

毒贩将名单藏到了窗户外面的墙壁上。正所谓最危险的地方就是最安全的地方，当罪犯意识到危险而逃脱失败的时候，顺手将名单贴在了窗户外面的墙壁上。夜间光线不好，一张小小的暗黄的纸条不会引人注意。更何况，警方将注意力放在了房间里，忽略了窗框附近。

## 115. 女儿的求救信息

**【案件回放】**

晚饭时分，王阿姨收到了女儿从海南发来的照片，上面除了4

个芒果和放着芒果的盘子以外什么都没有。王阿姨仔细地看了看照片，感到很奇怪，女儿对芒果过敏，怎么会突然发来4个芒果的照片？

10分钟后，王阿姨突然意识到了什么，她马上拨通了报警电话。1个小时后，她接到了女儿从海南打来的报平安电话和警方的回复。原来，女儿在旅行途中入住的是个黑旅店，被店里老板扣留并进行威胁。

请问，王阿姨是怎样知道女儿遇险的？

### 【推理分析】

4个芒果就是“四芒”，谐音“死亡”。王阿姨悟透了女儿的用意，这才及时地救下了女儿，否则后果很可能会很严重。

## 116. 死者的暗示

### 【案件回放】

小说家汪某在家看书的时候，突然被人从背后捅穿胸部。血流下来湿透了衣服，因为伤情过重，他根本来不及报警，不过，临死前，他还是拼力在看的书上划了几下。

警方到场后发现，书上有一行字被死者用血涂上：赤道以北，山之南。随后，警方根据种种线索，锁定了三个嫌疑人——柳河、王阳、赵成。这三个人当天都见过死者，但不确定到底是哪个人杀害了死者。

你知道凶手是谁吗？

**【推理分析】**

凶手是王阳。赤道以北就是北半球，山之南就是阳面，所以死者想要暗示的就是凶手为王阳。

## 117. 录像机里的声音

**【案件回放】**

一位计算机专家被人杀死在自己的家里，死者趴在桌子上，背部插着一把刀，刀柄深深地没入身体。现场放着很多公牛队队员的同款T恤衫、球鞋、纪念册等，桌子上放着一个录像机，里面存储着死者死亡之前录下的公牛队的一场比赛视频，桌子对面的电视插着电，遥控器就在死者的手边。看样子，死者生前看直播的时候边看边录像，看完以后就打开了录像机继续观看，然后遇害。

比赛的时间是晚上7点30分到8点18分，录像的时间是晚上7点40分到8点18分，警察从头到尾看了一遍死者的录像，那场比赛非常精彩，堪称公牛队表现最好的一场比赛，难怪死者这样着迷。

正在这时，挂在死者房间的钟表响了起来，警察一看时间，正是晚上11点。他们仔细检查了钟表，然后又看了一遍录像，最后得出结论，死者是被人杀死后移尸到这里的，然后将已经录好的录像机也放在这里，伪造了现场。

请问，警察发现了什么呢？

【推理分析】

钟表设置了整点报时，而录像机里并没有出现整点报时的声音，说明凶手并不清楚死者房间钟表的这个特点，只是伪造了录像，然后移尸到第二现场。

## 118. 不在场证明

【案件回放】

一个雨夜，一名女子从楼上掉下，头骨碎裂，当场身亡，身上的披肩也摔破了。法医检测后发现死者的死因并非坠楼，而是被人猛击头部而死，死亡时间在晚上9点到10点之间。也就是说，这是一起谋杀案，而非自杀或意外。

警方对女子坠楼的现场进行了勘查。那是十三层楼的阳台上，阳台窗户外面的墙体表面是一个20厘米厚、2米长的斜面，人如果在上面很容易滑下去。

随后，警方进行了严密的调查，找到了犯罪嫌疑人。但是犯罪嫌疑人拿出了充分的不在场证明：当天晚上的那个时间段，他和朋友在酒吧里喝酒。不过，最后警方确认，凶手就是那个犯罪嫌疑人。

那么，犯罪嫌疑人到底是怎么杀掉死者的？

【推理分析】

犯罪嫌疑人将死者放在斜坡上，在死者的披肩上面压上冰块，使其暂时稳定在斜坡上。等到冰块化掉，死者的身体失去平衡，就会掉下去，而冰块如果没化完也会随之掉下去。摔碎的冰块在雨里很快化掉，根本不会引起人们的注意。

## 119. 失踪的钱袋

### 【案件回放】

一位老农卖了粮食，得到了一笔货款。他将货款藏在粮仓中剩下的稻谷里。不料，这天，当他忙完农活回家，却发现家门的锁被人撬开，稻谷里面放的钱袋子也不见了。老农心痛不已，当即报了警，但是因为地方偏僻，也没有目击证人，警方并未找到窃贼。

夏天总是多雨。连续几场雨过后，村头的离稻田很远的沙堆上居然冒出了嫩绿的稻谷幼苗来。

请问，老农丢失的钱袋哪里去了？

### 【推理分析】

在长出幼苗的沙堆上。小偷将钱袋偷走后拿走了里面的钱，而将钱袋埋在了那里，但钱袋原本与稻谷放在一起，小偷翻找的时候，钱袋里面也有了稻谷，稻谷因为雨水的浇灌发了芽，沙堆上才长出了幼苗。

## 120. 偷窃现场的斗殴

### 【案件回放】

阿昌本来打算跟朋友去看电影，但朋友临时有事无法前来，他只好待在家里看电视。夏天的晚上，屋里很多蚊虫，他拿着长柄的苍蝇拍四处挥舞拍打。过了一会儿，他累了，就关了灯准备睡觉。

这时，几个窃贼偷偷摸摸地光临了。他们白天听到了阿昌和朋友打电话，知道他当晚不在家，而且刚发工资，家里一定有钱，就摸上门来准备捞一票。

窃贼推开门，房间里黑漆漆的，他们也不敢开灯，黑暗中凭着模糊的视线往柜子走去，一边走，一边小声说话："钱是不是在那个柜子里？"

正在这时，一个窃贼突然挨了一巴掌，他还以为是同伙干的，气愤地回头骂道："干什么？"话音刚落，那个同伙也挨了一巴掌，两人争吵起来，不一会儿还打了起来。外面的人听到动静，报了警。灯亮的那一瞬间，窃贼们傻眼了。

你知道这是怎么回事吗？

【推理分析】

主人躲在房间的角落里，拿着长长的苍蝇拍，使劲打了其中一个小偷的头一下，小偷先入为主，认定房间里没有人，挨打后就会以为是同伙所为。

## 121. 啤酒杯下的提示

【案件回放】

酒吧里的服务员杰恩在值班的时候，突然发现酒吧里来了一位特殊的客人—— 一名通缉犯。据说这名通缉犯来去无踪、心狠手辣，已经杀死了3个人，警方四处通缉却没有抓到。他今天怎么来了这里？

虽然通缉犯戴着大大的墨镜，遮住了半张脸，服务员仍然把他认了出来。但是他没有办法报警，因为那个通缉犯走进来，扫视了一周，然后坐在了服务员正前方的位置，脸正好对着服务员。服务员装作不经意的样子看了一眼，觉得对方的衣服下面可能会有武器。

正在这时，他看到一名警察便衣走了进来，并点了一杯啤酒。服务员脑中飞快地转了一圈。

过了一会儿，服务员端着一大杯啤酒送给了警察，然后微笑着说："请您慢用！"警察接过啤酒，笑着道谢后喝了起来，快要喝完的时候，放下了酒杯，然后转身走了出去，两分钟后，一队警察突然围住了这个酒吧，并成功抓获了通缉犯。

服务员用什么方式通知了警察呢？

**【推理分析】**

服务员趁着倒啤酒的功夫，在杯子的底部贴了字条，啤酒喝下去，字条自然就能被看到。

## 122. 老板被绑架

**【案件回放】**

南城最大建筑公司的老板被人绑架。绑架案发生的当天下午，家属收到一封信，里面除了一张写着"今天晚上8点钟将50万元放入×超市10号储物柜中，不要报警，不要跟踪，我看得到你”的纸条外，还有一张老总被堵了嘴巴绑在柱子上的照片。照片上的老总鼻青脸肿，眼睛都已经睁不开了，时刻不离身的眼镜歪斜地挂在脖子上，只剩下了孤零零的金属镜框。

家属拿着这封信一筹莫展，不知道该怎么办才好。最后，他们决定悄悄将这事告知警方，并以快递的形式将照片送到警察局。

警方收到照片后既没有调查监控，也没有查验指纹，而是马上将照片送到技术科，一个小时后，警方确定了绑匪的身份和所处位置，成功抓获了绑匪，在绑匪将要撕票之前解救了人质。请问，警方是怎么在这么短的时间里破案的？

**【推理分析】**

光滑的金属面是可以显出影像的。在拍照的时候，歹徒是站在人质的面前去拍的，这样他的影像乃至周围的景物都会映入金属面。警方只要将照片放大到一定程度，就能够看到里面歹徒的影像和周围的景物，进而判断出歹徒及其所在位置。

## 123. 难解的密码

**【案件回放】**

缉毒队经过几天几夜的跟踪和观察，终于找到了毒贩集团中的一个负责人。不过，这个毒贩负隅顽抗，甚至攻击缉毒警察，无奈之下，缉毒警察只好击毙他。在死者的身上，缉毒警察除了找到一些生活用品和一些子弹外，还找到了一张没有字迹的纸条。不过，专家检测后发现上面用隐形药水写了一行字："了却心愿开小厂，行中佳人忽不见。"

后来，缉毒队员根据这张纸条抓获了死者的同伙，破获了一个大的贩毒案。

那么，你知道那行字的意思吗？

**【推理分析】**

这是一个简单的字谜，前一句心愿的"愿"去掉"心""小""厂"就是"白"字，后一句行中加上双土就是"街"字，合起来就是"白街"。

## 124. 我的爸爸和你的爸爸

**【案件回放】**

一位拳击手正在房间里和教练视频。突然，楼下传来很大的吵闹声。拳击手想去看看到底是怎么回事，这时女儿跑进来说："不好了，快去看看，我爸爸和你爸爸在吵架。"

请问这是怎么回事？

**【推理分析】**

人们潜意识地以为拳击手是男的，但这位拳击手是女的，女儿的爸爸就是她的丈夫，她的爸爸就是女儿的外祖父。

## 125. 医生桥本之死

【案件回放】

私立医院的内分泌科医生桥本被人杀死在自己的办公室中。警方勘查现场发现，死者被连捅数刀而亡，现场一片凌乱，死者的手里死死地抓着一份病例，上面写着两个字：桥本。不过，上面并没有写挂号信息。后来，警方根据医院的就诊记录，找到了3名嫌疑人，分别是白内障病人莱温斯基、严重角膜炎患者迪克和自身免疫性甲状腺炎病人艾琳。

请问，谁是凶手？

【推理分析】

桥本是医生的名字，但“桥本”还有另外一层意思，它是自身免疫性甲状腺炎的另一个名字，是以日本医生桥本的名字命名的。而这三个人中只有艾琳身患此病，所以她就是凶手。

## 126. 快递员敲门

【案件回放】

C栋3楼301室，雪拉坐在沙发上，电视开着，她却无心看，而是扭头看着站在身边的拉斐问道：“你要不要喝杯饮料？”

拉斐只是看看她，并不回应。

正在这时，敲门声响起。“谁呀？”雪拉问。

“快递员。”

拉斐看了雪拉一眼，让她去开门。雪拉打开门。快递员正要说话，雪拉接过话说：“你好，我等你很久了，我的快递再不送走，我妈妈一定会着急的。麻烦你帮我送到B栋1楼，谢谢。”

说着，雪拉深深地看了一眼快递员，然后转身从卧室拿了一个袋子递给他。快递员皱皱眉头，但什么都没说，很快转身离开了。

雪拉关上门，重新坐到沙发上，而拉斐仍然在她的身边站着。

10分钟后，又有人敲门，这次雪拉打开门，发现外面站着她的妈妈、两名警察以及那位快递员。

请问，雪拉与快递员之间到底传递了什么信息？

**【推理分析】**

雪拉被限制了人身自由。无法脱身的她借着快递员上门的机会请快递员到离她非常近的地方送件，引起了对方的怀疑，使其帮忙联系了能够帮助自己的人，并叫来了警察。

## 127. 为什么要自首

**【案件回放】**

小偷累坏了，他一回家就瘫在沙发上，顺手打开电视，一动不想动了。想到今天偷到手的5000元，他笑了。

电视节目开始了，是新闻节目，主持人正在播放一则特殊广告："潜藏在翡冷街88号的连环杀手杰克在逃，该犯作案累累，有极大的社会危害性，请广大市民注意安全的同时，一旦发现其踪迹立即报告警方，谢谢配合。"

小偷猛地坐起来，看了看偷来的钱袋，马上跑出门，奔向警察局。

小偷为什么这样做？

【推理分析】

小偷偷的正是连环杀人犯的赃款。为了自保，他选择了自首。

## 128. 奇怪的呼救声

【案件回放】

电话铃声响起，110服务台接起电话，里面传来急促的呼救声："快点！我要死了，救我！"服务台马上将来人的电话转交给警察。随后，警察根据电话信号的位置找到了报警的人，不过遗憾的是，他已经倒在地上，脸部肿胀，没有了生命的迹象。经法医检测，死者死于呼吸衰竭、心力衰竭，死者的胃内只有少量的果汁和花生粉，不过死者的身体状况表明他身体没有任何疾病。警察调阅了附近的监控录像，也没有见到凶手的任何影像。

那么，死者是怎么死的？

【推理分析】

死者死于过敏。死者对花生有很严重的过敏现象，掺入果汁中的花生诱发了他的严重的变态性反应，导致头部肿胀、心力衰竭、呼吸困难休克乃至死亡。

## 129. 一罐冰啤

【案件回放】

中午时分，瑞达从外面回来，口干舌燥、大汗淋漓，便从冰箱里拿了一瓶玻璃瓶装的冰啤酒，坐在沙发上，打开空调，准备休息一下。

他习惯性地攥住啤酒瓶，用力地上下摇晃——他喜欢盖子打开的一瞬间泡沫喷涌而出的口感和观感。不料，刚摇晃了几下，瓶子突然爆炸，瑞达只觉一阵剧痛就失去了意识。被人发现的时候，瑞达已经被啤酒瓶的碎片割开气管而丧命。

后来，警方在现场的瓶盖上发现啤酒瓶有被人二次打开的痕迹，在现场发现的二氧化碳浓度也略高。

这是怎么回事呢？

【推理分析】

有人在啤酒瓶中压缩进了大量的二氧化碳，这样瓶内的压力增大，一旦瓶子被剧烈摇晃，就会发生爆炸。

## 130. 家书里的线索

【案件回放】

春节前夕，外出打工的人们开始陆陆续续往家赶。工厂工人们也不例外。小邓下班后买了一些食品打算在火车上吃。因为行李还在宿舍，小邓便拎着食品袋向宿舍走去。推开门，小邓突然意识到哪里不对劲，他走进去，刺鼻气味越发浓重——分明是血腥味。小邓压制住内心的恐慌，走向铺位，这才发现工友小多躺在床上，肚子上插着一把刀，已经没了气息。他吓得扔了食品袋，跑出宿舍，颤抖着报了警。

警察冲进房间的时候，发现死者躺在血泊中，简单的行李扔得到处都是，脚边散落着寥寥几张纸币，枕头边放着一只简陋的笔和一封信，信上面写着“对不起”。除此之外，警方在现场并未发现更多的信息。后来，警方经过调查发现，死者近段时间为情所困，痛苦了好几天，于是该案被定性为自杀案件。

警方将案子的审查情况和结果通知了死者的父母和妻子。后者很快从外地来到本市，并找到警方，坚称丈夫不可能自杀，并提交了死者死前写的一封家书。这封家书的全文为：“爸妈，小薇，我很好，不用挂念，我已经买了4天后的车票，大概26号的下午能到家，家里的事情辛苦你们了，真是对不起，等我回去一定好好补偿你们……”这封家书并未引起人们的重视，因为人的情绪是可以瞬息即变的，几天前的情绪状态未必就说明他一定不会自杀。

这封家书被提交之后的当天晚上，负责文档保存的警察在工作的时候突然恍然大悟。

请问，警察明白了什么？

【推理分析】

纸条上的“对不起”三个字的字迹、书写方式一模一样，即使是同一个人，也很难做到把同一个字写得一模一样，这说明死者的遗书是被凶手伪造的。

## 131. 最后一顿下午茶

【案件回放】

林英下午要去参加同学的婚礼，所以她仅仅午睡了一小会儿。下午两点起床后，老公已经准备好了牛奶和巧克力蛋糕。为了她这个吃下午茶的习惯，老公专门去学习了怎样烤蛋糕。当天下午她去参加婚礼免不了要喝酒，为了保护胃，下午茶更是少不了。她咬了一口蛋糕，清甜中带着一丝若有若无的苦味，正是她喜欢的味道。吃着吃着，她觉得心里充满了幸福感，想起之前有朋友跟她说看到她老公和别人幽会，她觉得真是无稽之谈。

就这样，她坐在桌边吃了蛋糕，喝了牛奶，然后拎起包出门。

下午两点半，林英来到婚礼现场。下车的时候，她觉得有点头晕，但并没有当回事。

走进酒店，同学们的酒席已经开场。这是新郎专门为这帮老同学准备的，到了晚上，才是亲戚们的酒席。

因为迟到，林英被连罚3杯白酒。3杯后，林英放慢了速度，和别人边聊天边喝酒。20分钟后，林英感觉头晕、恶心。众人看她喝醉了，便送她到准备好的房间休息，并给她喝了水。

等到酒席散场，同学进房间看她，发现满地呕吐物，林英已经死亡。

经警察调查，现场所有物品都没有毒，死者体内有安眠药的成分，虽然已经远远超过正常服用量，但并不足以致死，请问，林英是怎么死的？

**【推理分析】**

林英是中毒死亡的。林英的老公在蛋糕中放了安眠药，所以林英才会觉得蛋糕中有一丝苦味。吃了过量的安眠药未必会致死，但摄入过量安眠药再加上过量饮酒，就会造成对中枢神经系统的双重抑制，严重的可致命。

第五章

# 逆向推理：反向思考，寻找线索

# 132. 妻子的阴谋

【案件回放】

近段时间，家庭主妇小王发现丈夫除了家暴外似乎在转移财产，但是她找不到证据；她感觉丈夫很有可能是变心了。有一次，她在丈夫的包里看到了一张两岁孩子的病历单，但据她所知丈夫的朋友圈、亲戚圈中没有那样小的孩子。小王为此感到绝望，她想离婚，但一旦离婚，她将一无所有。

这天，小王和丈夫又因为丈夫夜不归宿的事情吵了起来。丈夫气急之下推了她一下，她摔在地上。小王就那样坐在地上，过了好一会儿才反应过来，可丈夫已经走了。她站起来，没走几步路，突然脚下一绊摔倒在客厅到卧室的台阶上，她觉得肋骨一阵剧痛。愤怒又绝望的小王没有求救，而是爬起来挣扎到卧室。这时，她感觉有点呼吸困难。她想了想，站起来，将门从里面锁上，然后将窗户关好，回到床上躺下，睡着了……

两天后，警方以涉嫌杀人罪带走了小王的丈夫。但对方一直坚称，这一切都是妻子的阴谋，他自己是清白的。

请问，妻子到底为丈夫准备了什么样的阴谋？

【推理分析】

这是一起典型的意外伤亡嫁祸他人的案件。小王因为与丈夫的种种矛盾，决定报复对方。她摔倒后肋骨骨折（肋骨剧痛），骨刺扎入肺部（呼吸困难），但她没有求救，而是关上门窗制造密室杀人现场，企图将杀人罪嫁祸给她痛恨的丈夫。

## 133. 雪夜凶案

**【案件回放】**

晚上8点钟的时候，人们期盼已久的大雪纷纷扬扬落下，给平安夜的山城增添了一丝魅力，很多年轻人都走到街上看雪、散心。1个小时后，山城发生了一起凶案，死者是住在单身公寓的年轻女性安琪，死亡原因是头部连续遭遇重击，但凶器没有找到。报案者是死者的男友，两人并未住在一起。他说："我是来找女友一起出去看电影的，今天是平安夜，很多男女朋友都会在这天出去玩。来的时候路上还堵车了，我还担心女友等久了生气，所以一过了堵车的路段，我就将车速开到最快赶了过来，到了之后连车库都没进，就停在了楼下的露天停车位。我跑上来，结果看到这一幕，就报警了。"

警察仔细查验了现场，又查看了男子开来的车，马上就认定他在说谎。

请问警察发现了什么？

**【推理分析】**

如果是在雪中一路开车过来，那么他的车下必然有雪，但警方并未看到，所以，他在女友的死亡事件和报警时间上可能都说了谎，那么女友的死亡很可能和他有关。

## 134. 邮递员的心思

**【案件回放】**

尼奥将信封揣进包里，快步往家里走去。路过家附近的一个路口时，有个女子过来问路，尼奥指给了对方，但女子一脸茫然。尼奥只好停下来，从包里掏出纸笔，细细将路线图画下来，以至于周围路过的几个男子都停下来看他们在干什么。画了一半，有个男子走上来，手中拿着一个包裹突然伸到尼奥的面前，粗声粗气地问："喂，这是你的包裹吧，我正要去你家给你送包裹，正好在这里遇上你了，这就给你吧。"

吓了一跳的尼奥不满地看了一眼邮递员和他手中的包裹："你认错人了，这不是我的包裹。"

邮递员一脸的抱歉："对不起，你们长得太像了。"

尼奥草草地向女子进行说明后就离开了。

回家后，尼奥把包挂在门后，这才发现，上面被人划了一个大大的口子。

请问，邮递员到底是什么心思？

**【推理分析】**

他是在提醒尼奥，有人在偷他的钱包。当时，明知道有坏人，他想帮助尼奥，却不敢直接施以援手，只能采取这种方式。

## 135. 耍赖的吉恩

**【案件回放】**

同一个办公室的吉恩和吉米在比赛写文案，计时工具是一个时间为1个小时的大沙漏。当沙漏里的沙子全部漏下去的时候，还没有写完文案的那个人要请另一个人吃一周的早餐。

沙子漏下去大概2/5的时候，吉恩先写完了。他高兴地拍拍手，将文案保存好，发送给了经理。吉米只是抬头看了看吉恩，又看了一眼沙漏，然后继续埋头奋战。

沙子全部漏下去，吉米还没有完成。时间又过去了12分钟，吉米才终于完成工作。他看了看沙漏，叹了一口气，正打算答应买一周早餐，突然想到了什么，然后不服气地说："你作弊，比赛不算，重新来。"

吉恩笑道："还是你心细，好吧，这次不作数，下次再来。"

吉米发现了什么？

**【推理分析】**

沙漏被吉恩悄悄倒过来了。原来还有3/5的沙子，但倒过来后只有2/5，时间上刚刚差了12分钟，这12分钟足以让吉米完成文案。

# 136. 红色、绿色和凶手

【案件回放】

模特小张在自己的房间被人打死了。发现尸体的是打扫房间的保洁员。模特习惯把自己的衣服按颜色穿插在一起。模特死在自己的衣柜前，里面的衣服整整齐齐，分别是两件红色、两件绿色、两件红色……后来，痕迹检验报告显示，死者的衣柜曾被人乱翻后重新整理过。

随后，警方根据现场的痕迹和尸检报告找出了两名嫌疑人。

一人是死者的前男友，是色盲。两人曾经有过一段长达三年的恋情，后来因为死者移情别恋分手。分手后，前男友后悔了，多次来找死者复合，在死者被害前一晚再次来到死者家，并被小区保安见到。

另一人是死者以前的下属。死者被害前一晚的12点，有人见到他进入死者的房间。他以前在死者手下工作的时候因为疏忽发生过重大失误，当场就被死者辞退，连当月工资都没有结算。

警察分别对两人进行审讯的时候，死者的前男友表情痛苦，连连表示早知道这样，自己一定不会和她分手。而死者的下属肯定地说："肯定是她前男友干的。"

警方拘捕了死者以前的下属。

请问，这是为什么？

**【推理分析】**

如果是死者的色盲前男友作案，他就分不清楚红色和绿色，那么在整理衣服的时候就不可能将颜色区分得那么清楚而整齐。

## 137. 死于自己手中的凶手

**【案件回放】**

罗来带着自己改装过的射钉枪，准备到对手的家里去讨个公道。之前的几年间，两人多次发生矛盾，但罗来因为不善言辞，每次都败下阵来。前一阵子，罗来被对方在公开场合打伤后，便下定决心要为自己出口气。他打听过，这个时间，对手一个人在家。

到了对手家后，他装作低头服软叫开了门，然后便用枪逼着对方，将对方一直逼退到客厅里放着的精钢制作的置物架前。看着对方退无可退的狼狈样子，他得意地笑着扣动了扳机，只听“砰”的一声巨响，罗来带着满脸的不可置信倒在地上。

请问，到底发生了什么？

**【推理分析】**

罗来被自己的射钉枪打死，他是死于自己之手。他本想射杀受害者，受害者灵敏地躲开，枪里的钢珠射出后放空，碰到钢板反弹回来，直中罗来眉心，使其当场丧命。

# 138. 坠河事故

**【案件回放】**

“给我倒杯果汁，快点！”临出门前，妻子大声吆喝道。

阿辰无视妻子的坏态度，给妻子倒了一杯果汁，然后帮妻子穿上大衣，让妻子先出门，自己去抱一岁多的女儿。

妻子出门后，他洗了果汁杯，然后将台面上的垃圾扔进垃圾桶。收拾完后，阿辰走进卧室抱起熟睡的女儿，出门追上妻子，和她一起来到车库。阿辰让妻子坐在副驾驶座上，将女儿放在妻子后面的座位上，打开驾驶室的车窗，驱车向丈母娘家开去。

车子开了一个多小时，坐在旁边的妻子已经昏昏欲睡，后座上的女儿也睡着了，阿辰也开始打瞌睡。当他“突然”清醒过来时，却惊恐地发现车子正向着路边的河道而去。

他“拼命地”打方向盘，却丝毫不起作用，车子像一枚失控的炮弹一样栽进河里，水从打开的车窗中迅速漫进来。他从车窗爬出来，绕到后面，将女儿拖出来，送上岸；当他再次回到水里“救起”妻子时，已经是十几分钟以后了。溺水的妻子终究没能救回来。

事发后，警方调查了沿途所有的监控视频，发现监控记录下了车子失控的全程，包括阿辰打哈欠的过程。所有的证据都显示这是一起意外事件。

然而，死者的弟弟却认为这绝不是意外，因为姐姐的水性足以自保，要求法医验尸。

两天后，验尸结果出来，警方以故意谋杀罪逮捕阿辰。

请问，阿辰是怎么杀死妻子的？

【推理分析】

阿辰给妻子喝了掺有安眠药的果汁，然后清洗了水杯，并将安眠药扔进了垃圾桶。随后，路过河边的时候，阿辰假装打盹，让车滑入河中，然后在车子沉河之后，舍弃近在身边的妻子，转到离自己最远的女儿身边，救了女儿，延迟了救妻子的时间，使得妻子溺水身亡。阿辰精心策划了一场“完美的”谋杀。

## 139. 尸体的破绽

【案件回放】

警方抓了很久的一个惯偷突然被人发现倒在一处建筑工地上。因为下过雨，工地上到处都是泥水，警察踩着泥水去现场，发现死者衣服上到处都是工地上的泥浆，脚上穿的白色的运动鞋倒是很干净。死者仰面朝天，两手摊开，手心朝上，手心都干干净净的。死者后脑上有明显的机械伤，旁边的钢筋上还有血迹。警察认为，死者一定是因为想到现场偷东西，滑倒后撞到头部而死。但一位资深痕迹专家却认为死者是被人杀死后移尸到这里的，尸体身上的破绽就是证据。

你知道破绽是什么吗？

【推理分析】

死者衣服上沾满了泥浆，鞋子上却干干净净，连花纹都清晰可见。人滑倒后的第一反应是用手撑地，手心上一定会有泥，而不会干干净净，所以这个现场是伪造的。

## 140. 恐高症

【案件回放】

下班回家的人们纷纷走进小区，突然传来一声沉闷的巨响，随后便是一声惊叫——在这个小区里住了三年的梅里躺在地上，鲜血流了一地，反应过来的人们跑的跑，打电话的打电话。很快，警方到达现场。

法医检查后认为死者是从楼上坠亡；死者遍体鳞伤，死前应该是遭受了非人折磨。在死者坠落的方向的上部，所有窗子都装有防盗栏，只有楼顶通往天台的门有打开的痕迹，但天台上只有她一个人的脚印，不过这个并不难伪造。据此，警方认为有可能是他杀。

死者年迈的母亲告诉警方："可怜的梅里一定是被她丈夫杀掉的。她有恐高症，不可能去那么高的地方。她跟我说过，她丈夫曾经打过她。我让她离婚，她不愿意，早知道，我就是死也要让她离婚的。"

邻居愤怒地对警方说："她丈夫经常打她，上次把肋骨都打断了一根。不过也没办法，孩子还小，她也没有收入，离婚不现实。对了，她有很严重的恐高症，从来不会去10米以上的空荡荡的地方的，你们一定要严查，一定是她丈夫干的。"

随后，警方在死者家中找到了她的丈夫。打开门的时候，后者正在将洗衣机里的衣服拿出来。当警方说明来意的时候，死者丈夫脸上微露一点惊讶。

作为重要嫌疑人，警方马上就将死者的丈夫带回详加询问。虽然后者并不承认自己杀害了梅里，但经过调查，他既有作案动机，又有作案时间——事发时他独自在家，且没有人可以证明他在哪里。

就在警方考虑要详细调查丈夫的时候，突然在死者家楼下的垃圾桶中发现了一个日记本，经查，日记本确为死者所记。最终，警方以自杀定案。

请问，日记本里记载了什么才让警方改变主意？

**【推理分析】**

日记本里记载了梅里死亡的原因。梅里有恐高症，从不会去任何高度10米以上、四周没有遮挡物、面积不大的地方，她周围所有人都知道这一点。那么当她在20层楼高、四周空荡荡的楼顶上放松的时候，所有人都会认为这不合理，会认为她的死亡是他杀，从而将众人的注意力转移到她的丈夫身上，这也正是她想要的结果。她在日记本里记下了这一切，并在死前扔掉了日记本，不过，她的日记本最终被人找到了，让整个案件的走向发生了反转。

## 141. 吃烤火鸡的女人

**【案件回放】**

中午时分，思嘉的家里发生了凶案，在她出门买菜的工夫，她的丈夫被人用钝器杀害，后脑一片血迹。警方运走了尸体，采集了现场的证据，不过也没有太大收获，连凶器都没有找到，因为事发客厅非常整洁，只有厨房门口放着刚买回来的菜。警方还留下了一名警官询问思嘉一些情况。看上去，死者是在毫无防备的情况下，被人一击而中的。

思嘉坐在那个之前还放着一具尸体的客厅里，双手颤抖，神情悲伤，两眼已经失去了焦点，看得出，她在强忍眼泪。

年轻的警官凯德坐在她的面前，不断地安慰她。但他的安慰好像不太起作用，这位刚刚成为寡妇的年轻女子的眼泪终于止不住落下来。

正在这时，厨房里传来了一连串烤箱的鸣响。里面的美食已经熟了，散发着诱人的香味。思嘉惊醒过来，她跑进厨房，然后又跑回来，哭着说："我特意烤了火鸡，想着和他一起吃，现在他走了，鸡熟了，却没有人陪我吃了。怎么办？"

凯德权衡了一下，决定陪女子吃饭，以缓解她的悲伤。于是，他扶思嘉坐下，然后到厨房端出了烤火鸡，两人慢慢吃起来。其间，思嘉几次哭得咽不下去，但她还是坚强地和凯德吃掉了所有的鸡肉。

饭后，凯德询问了一些情况，得到了这样一些信息：思嘉想中午和丈夫吃烤火鸡，因为丈夫前几天就说想吃，于是，她出门买了些蔬菜，准备配着火鸡吃，出去的时候还遇到了凯特太太，和凯特太太聊了天，等她回来的时候发现丈夫已经不在了。

凯德做好笔记，又安慰了思嘉一下，告辞后转身出了门。

思嘉收起眼泪，带着笑走进卧室。

事后，警方核实，思嘉确实去买了菜，也和凯特太太聊了天。

请问凶手是怎样处理凶器的？

【推理分析】

凯德和思嘉吃的烤火鸡就是凶器。凶手用冷冻的火鸡打死死者后，清理干净冰箱冷冻室，在出门买菜前将火鸡丢进烤箱，打开开关，调整好火候，然后出门买菜，并特意和遇到的人聊天，然后买了菜后返回，报警，最后在凯德的见证下，处理掉了凶器。

## 142. 死者的红色车

【案件回放】

在500强企业任市场总监的林某被杀了。警方赶到现场后发现死者穿着睡衣斜靠在沙发上，胸口被尖锐的利器连刺十几下，失血过多而死；茶几上摆着一副象棋棋盘，棋子胡乱散落着，有几个还掉到地上；凶器没有找到。死者的手中紧紧握着一个红色的玩具车。经过法医鉴定，死亡时间为前一天晚上9点到11点。

根据死者门口的监控，警方找到了5个嫌疑人，以下是这5个人的情况：

1.晓晴：死者的女儿，也是本案的报案人。她晚上11点半下夜班后赶回家，敲门没有人回应，用放在门口的备用钥匙打开门后发现父亲浑身是血靠在沙发上，她吓得魂飞魄散，马上报了警。她与父亲有矛盾，但是仍然非常关心父亲，自母亲离开后，就一直与父亲相依为命。

2.贺某：死者的邻居，前一天晚上8点半到他家下象棋，下着下着自己的妻子回来了，他就告辞离开。死者与贺某的关系不错，贺某实在想不出谁会杀他。

3.刘某赤：欠债人。以前刘某赤曾经从死者这里借走10万元钱，但是后来刘某赤因故没有还上这笔钱。昨晚9点半的时候，刘某赤提着一些礼物上门，希望死者能够再宽限几日。后来，死者逼着他写欠条，并加上了延后1日还款加1‰的利息的条款。半个小时后，刘某赤离开。当时，桌子上就摆着那副象棋。

4.李某：死者的前妻，去南方出差，还没有回来。她已经预订了第二天早上8点半开往本市的高铁列车票，有充足的不在场证明。

5.常某：死者的情人，当天白天的时候与死者约定晚上约会，但是当她来到死者家门口时，敲门却没有回应，打电话也没有人接，还以为死者爽约，不高兴地走了。不过，当她走到楼下的时候，回头看了一眼，发现死者家的书房灯亮着。

请问，凶手是谁？

**【推理分析】**

1.这是个很典型的逆向推理的案例。死者手中握着红色玩具车，那么死者的死因可能和红色有关。

2.死者死于利器，那么在这些人的描述里可能会有利器出现。

3.死者死于晚上9点到11点，那么凶手在这个时间段里就必然有作案时间。

在这5个人中，死者的女儿和妻子没有作案时间，死者的情人和邻居没有凶器，只有死者的欠债人刘某赤既有作案时间，也有作案动机，更有作案凶器。他用来写字的笔是可以造成死者身上的那种伤口的，事后，他只需要拿走那支笔，现场自然就找不到凶器。此外，红色，即赤，符合现场的情况。

## 143. 不是跳车死的

**【案件回放】**

铁警在铁路上发现了一具尸体，死者头骨碎裂，脖子扭断了，肩膀的骨头粉碎性骨折。DNA和指纹检验后确认这是警方正在通缉的杀人凶手。死者所处的位置离进站有15分钟的路程，同一方向离进站10分钟路程的地方扔着一个手提包，里面装有十几万元钱。种种迹象表明，死者是从当天通过这里的某列车上下来的，而且当天也只有那一趟列车经过这里。发现尸体的人提供消息说他很可能是跳车逃跑，没想到出了岔子。但警察看完现场后认为，死者是被人从车上扔下来的。

警察为什么这么说？

**【推理分析】**

死者的确不是跳车死的，他是被人扔下来的。因为死者头部着地，这种必死无疑的姿势不是任何一个企图逃生的人会选择的跳车姿势。另外，死者所处的位置与扔下来的那个手提包的位置也不对，没有人会先跳下来，再将包扔下来。所以，死者分明是被人从车上扔下来的。

## 144. 现场的苹果核

【案件回放】

卡莱被人杀死在自家停车场的车里，子弹从太阳穴处透入，一枪致命。车子驾驶座下面有一支手枪，手枪上有死者的指纹，死亡时间为两个小时前。车库的出入口处有新鲜的苹果核，不过上面没有发现DNA。除此以外，现场再未发现其他人的痕迹，也没有发现火药颗粒。从车附近的灰尘来看，车子几天内并未移动过。

警方拿到尸检结果后马上让人调阅附近的监控，看看死者是被从哪里运到车库的。

请问警方为什么这样做？

【推理分析】

现场的地板上发现苹果核，而死者的胃里并未发现苹果，说明苹果不是死者吃的，那么现场就必然还有第二个人。苹果核上没有DNA，现场也没有发现其他人的痕迹，那么这个现场很可能是第二现场。

## 145. 地板上的弹壳

### 【案件回放】

公司的庆祝宴会正在热热闹闹地进行着，音乐声、笑语声、碰杯声环绕耳侧。突然，端起酒杯正准备喝酒的嘉莉被人撞了一下，红色的酒液洒到了白色的礼服上，她只好到洗手间去清洗。

5分钟之后，突然响起清脆的枪声，惊动了宴会上的人们，大家纷纷跑去查看情况。

只见一名年轻女子捂着脸站在那里，浑身发抖，说不出话来。见到有人出来，才呜呜哭出声来："我刚刚出来，突然有个人冲过来，冲着她就是一枪，我眼睁睁地看着她倒在地上，这太可怕了。"

果然，洗手台下刚刚还笑容洋溢的嘉莉倒在地上，胸口处一个血洞正在流着血，一把手枪掉在门口处，不远处还有两个弹壳。

这时，公司经理却悄悄带人围住了年轻女子，并立刻报了警，请问，他发现了什么？

### 【推理分析】

地上有两个弹壳，自然应该有两枪，但死者身上的伤口和目击证人却显示凶手只开了一枪，前后矛盾，说明目击证人有可能在说谎。

## 146. 死者的指纹

### 【案件回放】

古里街再次发生枪击事件。因为行凶者蒙面作案，警方并未拍到其长相。不过，警方赶到现场后成功提取了指纹。让人奇怪的是，警方比对指纹后发现指纹的主人早在去年的时候就已经因为杀人被执行了死刑，这是怎么回事？

带着疑惑，警方仔细调查了死者生前接触过的人，终于发现了其中的秘密。

你知道死者的指纹是怎么回事吗？

### 【推理分析】

人已经死去，而指纹仍然出现在犯罪现场，只有一个解释，那就是有人拓下了死者的指纹，并制成了指纹套，在作案的时候套上以混淆视听。事实上，人死去以后，指纹是不会变的，即使日子久了尸体干枯，尸体浸泡膨胀后指纹也可以复原。

## 147. 老化的橡皮管

### 【案件回放】

晚上10点钟，安琪与丈夫大吵一架，之后，丈夫摔门离开，打车到了上班的地方，刚刚装修好入住的房子离公司远，每次上班的时候都需要打车，非常不方便。

晚上11点，安琪服下两片安眠药，躺在床上准备入睡。

第二天早上，安琪的丈夫下夜班回到家，一推开门就闻到一股浓烈的煤气味，他一边快步走向卧室，一边打开门窗换气。走到卧室一看，他的妻子安琪躺在床上，早就没有了呼吸。

他马上报了警。警方调查后发现，精装修过的房子里干净整洁，没有外人进入的痕迹，而事故很明显是由于煤气管道的橡皮管老化开裂才造成煤气泄漏的。

请问，这是怎么回事？

**【推理分析】**

房子是新装修的，而煤气管道的橡皮管却老化到开裂的程度，所以，这场煤气泄漏的事故很有可能是人为。

## 148. 录像

**【案件回放】**

80岁的文太太正在家里等待她的两个儿子，而40岁的小女儿正在厨房里为聚会准备饭菜。自从文太太无法自理以后，她就和自己的小女儿一起生活，由小女儿照顾自己的衣食起居。十几年来，小女儿一直对她细致、耐心、周到，让她瘫痪以后还能十年如一日地舒适自在。

这次，她之所以叫来了两个儿子，是因为她觉得自己年纪大了，身体一天不如一天，不如趁着自己头脑还清醒，将名下财产分配一下。

聚会上，文太太明确提出她现在住的这套价值200万元的三室一厅的房子留给小儿子——她最喜欢的儿子。这引起了轩然大波，大儿子指责她："偏心了几十年，什么都给小儿子，同样是儿子，为什么我什么都没有？"

小儿子不服气地反驳："母亲一直对我们三个一视同仁，哪来的什么偏心？"

15岁的外孙女眼看着大人们吵了起来，不耐烦地拿起手机玩起了自拍。

小女儿什么都没说，她只是站起身，走到母亲的身边，从放在母亲和二哥中间的餐盘里拿起勺子为母亲盛了一碗汤，然后从母亲的身后绕过，将汤放在母亲的左手边——母亲的右手不方便，拿不了勺子。

然后，她又为其他人盛了汤，包括她自己。

低头喝汤的瞬间，她的眼泪流了下来：因为母亲的遗产和偏心，家里早就已经硝烟四起。她越来越觉得身心俱疲。

不料，饭还没有吃完，母亲就出事了。她突然间口吐白沫倒在椅子上，等待救护车到来的时候，她已经死亡。

警方检查后发现死者死于氰化物中毒，而文太太当晚什么都没吃，除了那份汤。在场的三个人都有机会拿到这样的药物：大儿子是医院的药剂师，二儿子是医药公司的医药代表，小女儿是医院的护士。但现场的每个人的举动都在众人的视线中，谁也没有机会去下毒。更何况，那份汤，在场的每一个人都喝过，其他人都没事，为什么只有文太太出了事呢？

后来，警方仔细调查了在场的每个人和每样东西，包括15岁的外孙女，以及她手中的手机，并在其中发现了一份录像，正是小女儿盛汤的那段。

看完录像，警方马上下令抓了其中的一个人。

请问，警方抓了谁？

**【推理分析】**

抓了小女儿。在场的所有人中，每个人的动作都在其他人的视线中，唯有小女儿端着汤从母亲身后绕过的时候，躲开了所有人的视线，这也成了她唯一的机会。

## 149. 插上的插销

**【案件回放】**

面包师戈登忙了一天，好不容易可以休息了，他就躺在沙发上看会儿电视。看着看着，突然一滴水滴到了他的脸上，他摸了一把，又一滴水滴了下来。他一看，半个天花板都是湿的，看来是楼上汤米家漏水了。

他跑上楼去敲门，但过了好一会儿也没有人回应，打电话只听见汤米的手机在房间里响。于是，戈登打电话报了警。

警方来了以后拆掉锁进了门，这才看见汤米家整个被水淹了，而水源就在卫生间。他们推推门，卫生间的门从里面插上了。破门而入后，大家震惊地发现汤米已经死在了卫生间。他赤身裸体，胸口插着一把尖刀。水龙头还在往外淌水。插销被撞坏了，上面有一些黄油的痕迹。可以想见的是，之前有人把它牢牢地插好了。但是插销在顶部，只要一松手，它就会掉下来将门插上。卫生间只有一扇位于房顶的排风扇，完全不足以让人通过。

那么，凶手是怎样从插好的门里出去的呢?

【推理分析】

要让插销能掉下来，而凶手能够顺利出门，只要将插销暂时固定即可。事实上，凶手杀掉死者之后，将一小块冻结实的黄油塞入插销与底座的空隙中，暂时固定住插销，然后走出门，大力撞上门。黄油本就是滑腻的东西，只能暂时固定住插销，在震动之下，黄油松动。再加上浴室里逐渐升高的温度和重力的作用，插销掉下来，将门插好，密室现场就此形成。

## 150. 狂叫的猎犬

【案件回放】

刘某和自己的猎犬独自住在公寓里，他很少出门，生活所需的日用品多数都是从网上订购，然后由负责这个小区快递收发的李某送上门。一天，刘某被人发现死在家里，脖子上有几个深深的犬牙撕裂伤，而这些撕裂伤正是刘某死亡的原因。警方调查死者死亡当天情况的时候，发现案发前快递员李某上门来过，就找到李某询问他是否知道些什么。李某告诉警方："刘某已经好几天没有快递了，一周之前，他买了一些大米，让我给送过去，但是那条狗很凶，一看见我就狂叫，所以我没有走太近，只是给他放在公寓门口，让他过去拿就离开了。"

后来，警方确实在刘某的房外发现了李某的脚印，那串脚印延伸至房门口，然后原路返回。正在这时，那条狗又出现了，它欢快地叫了几声，然后跑到李某身边，嗅嗅他的裤脚，便摇着尾巴蹲在他的脚边。

警察看了看眼前的情景，发现了疑点。

请问警察发现了什么？

**【推理分析】**

猎犬对李某亲热的举动说明与其很熟悉，否则会狂叫。但是李某之前说猎犬看到他就狂叫，他不敢靠近，说明李某前后的话中必然有一个是假的，那么他为什么说谎呢？只能因为他心虚。

## 151. 讹诈的女人

**【案件回放】**

拉丁坐在自己的座位上，悠闲地品着咖啡。这时，一个女人走到他的身边，要求他收回开除自己的决定，并公开赔礼道歉。

拉丁靠在椅背上，点燃了一根香烟，吸了一口，眯着眼睛看了看他这个因为疏忽给公司造成重大损失的女下属，微笑着摇了摇头："对不起，每个人都要为自己的错误付出代价。"

闻言，刚刚还一脸恳求的女下属突然变了脸，她一把扯破了胸前衣衫，大喊大叫起来："非礼啦！非礼啦！"

拉丁看着眼前的一切不动声色地继续吸着烟。

闻声而来的咖啡店经理只是过来看了一眼，就识破了女人的诡计，马上叫人带走了这个女人。

女人的讹诈为什么这么快败露？

【推理分析】

拉丁始终在吸着自己的香烟，并未做出其他的动作，他手中的香烟才会留下长长的一节烟灰，否则只要一抖动，烟灰就会掉下来。

## 152. 深山遇害者

【案件回放】

驴友们野外旅游的时候，在山上发现了一具男尸，男尸穿着干净的登山服，背着登山包，趴在地上一动不动。警察来后检查了尸体，发现死者身上没有任何伤痕，脸上也很干净，后来，法医解剖了男尸，发现死者胃里空空如也。

随后，警方通过DNA检测确定了死者的身份，但死者的家属坚称死者从来都没有登山的爱好。

那么死者是怎么死的呢？

【推理分析】

死者没有登山爱好却死在山上，穿着登山服，但登山服和脸上都很干净，说明死者不是死于饥饿或劳累，而是在死后被人换上了登山服。也就是说，死者死于谋杀。

## 153. 离奇的中毒事件

【案件回放】

年近六旬的仓库管理员A熏蒸粮食的时候突然发生了意外，导致粮仓起火，惊慌之下，他拉起水管对着火源一阵喷射。火很快熄灭了。A清理走了被烧坏的粮食，然后将潮湿的粮食另外存放起来，准备第二天再处理。最后，他清理干净地板上的水后，便给自己泡了一杯普洱茶。他觉得非常疲劳，便在一边的躺椅上休息。

第二天，接班的仓库管理员B打开仓库门，却发现A已经死亡。警察到现场勘查，发现室内物品整齐，死者也没有挣扎的迹象。经法医检验，断定死者是中毒身亡，化验普洱茶却验不出有毒。

你知道死者是怎么中毒的吗？

【推理分析】

粮仓用磷化铝违规熏蒸药物，磷化铝潮解以后产生了磷化氢。磷化氢有剧毒，很容易挥发，使得空气带有毒性。而老人本身体弱，吸入以后很容易产生中毒反应。

## 154. 神秘的凶器

【案件回放】

晚上10点钟，家住3楼的巴洛，正背对着阳台在客厅整理物品。突然，他感觉到一道强光射过。

第二天，巴洛被人发现死在自己的家中。警方调查现场后却感到非常疑惑：巴洛侧着身子倒在地上，额头被利刃刺穿。阳台的窗户是开着的，正对着20米以外的对面的大楼，但根据死者的方位，死者生前应该是正对着阳台旁边的墙壁，没有人可以透过墙壁杀人，而现场没有找到凶器，也没有任何有人入侵的痕迹。警方询问周围的邻居后，有人反映当天晚上似乎突然出现过一道闪光，几秒钟后就消失了。

一周后，警方抓获了凶手，他正是从对面大楼杀死巴洛的，那么凶手到底是怎么做到的呢？

【推理分析】

死者额头被利刃洞穿，除了当面刺杀，还可以在一定距离以内，将匕首以弩射的方式像箭一样射出去，凶手只要在匕首上绑上一根轻便的绳子，就可以轻松收回匕首。死者倒下的方位正对墙壁，但位置在阳台附近，要做到这一点，凶手只需要采用某种手段引起死者的注意，使其保持身体不动，扭头正对阳台即可。这样，本来背对阳台的身体就有可能侧面倒下，而当时邻居看到的闪光就是证明。

## 155. 绑匪没有提款

### 【案件回放】

因为资金链断裂，无法维持公司运转的巴顿迫于无奈，只好变卖了所有家当，与妻子两人租住在一个破旧的小区。真是祸不单行，这时，巴顿先生被绑架了。

这天，巴顿太太正在房前整理买来的蔬菜的时候，接到了绑匪的电话，绑匪要求巴顿太太支付500万元，并将这500万元以银行转账的方式汇往10个账户，而且不得报警，否则就杀了她丈夫，也杀掉她。

巴顿太太迫于无奈只好放下手中的菜，按照绑匪的要求，来到一家银行。她走向大堂经理，又从大厅的玻璃中看到身后仿佛有人跟踪，于是，她被迫办完了转账手续。

走出银行，她再次接到电话，说她的丈夫在某路口等她。

巴顿太太看了看周围，跟踪的人不见了，她马上打电话报了警，并和警方一起找到了丈夫。银行在警方的作证下冻结了收款账户，却发现钱分文未动。

绑匪得手后为什么没有提走款项呢?

### 【推理分析】

绑匪得手而不提款，除了凶手出意外之外，还有一种可能，那就是其本意并不是钱，而是为了试探，试探巴顿太太到底有没有钱，巴顿先生承认整个事情就是他一手策划的。

## 156. 解脱

【案件回放】

母亲已经病了好久，辗转各大医院，都说母亲活不了半年了。阿明每天看着母亲被病痛折磨得失去人形、无数次痛得失去知觉，他就觉得，让母亲安然离开，才是对她最后的爱。他酝酿了好久。

这一天，母亲又犯病了，她忍受不了疼痛，狠狠地往墙上撞。阿明拉住母亲，给她灌下了强效安眠药，待她安静下来，将一把刀塞进母亲的手里，然后握住母亲的手，插进了那单薄的身体……

第二天，阿明一走进医院，就被护士拉住说，他的母亲昨晚病发后因为过于痛苦而自杀身亡。阿明痛苦地晕倒在地。然而，一个小时后，警察出现在阿明的身边。

请问，警察是怎样看出破绽的？

【推理分析】

死者身体里的安眠药表明她是在服用了安眠药后死亡的，但没有人会在服用了强效安眠药之后还能够清醒地自杀。

## 157. 森林纵火犯

【案件回放】

夏天到来了，西班牙的森林也愈加郁郁葱葱，呈现出勃勃生机。有一天，烈日当空，森林里突然起了大火，在很短的时间里火就蔓延开来，短短的一个小时，就烧毁了一大片树木。当地警方深入森林寻找纵火者……最后，纵火者找到了，但是警方却无可奈何。

这是为什么？

**【推理分析】**

在森林里让警方无可奈何的，大概就是植物和动物了。事实上，会“纵火”的不仅仅是人，还有植物，也即所谓的植物自燃。西班牙有一种自焚树，它长到一定年龄，就会分泌出很多树脂。这些树脂很容易燃烧，在夏日的强烈阳光下，它只需要一个小时就会将一棵树变成灰烬。

## 158. 无字欠条

**【案件回放】**

马克斯与约特是在生意场上认识的，两人一见投缘，交情甚好。

两人相识一年后，马克斯的生意遇到了大麻烦，急需一笔现金周转。他向约特请求帮助自己渡过难关。约特想了想同意了，不过有一个条件，就是给自己写下一张欠条，协商借款利息为两个点。马克斯认为这个利息太高了，但因为别无他法，只好接受了。他从书房拿来纸笔，当着约特的面，写下了一张欠条，除了以上的条件，还说明一年后还款。随后，约特将这张欠条装进文件夹，保存起来。

很快，还款时间到了，马克斯却丝毫没提还钱的事。约特拿着装了欠条的文件夹去找马克斯，不料，马克斯看都没看他手中的欠条，只是冷笑了一声就走开了。约特感到异常愤怒，同时也感觉奇怪，不由掏出欠条细看，这才发现上面竟然一个字都没有。

约特去找了律师咨询。对方听他说了全过程，又看了看欠条，笑着对他说："放心吧，你的钱一定能够要回来。"

你知道这是怎么回事吗？

**【推理分析】**

纸上虽然没有墨，但欠债者用笔在纸上写字的过程中，笔印仍然忠实地记录了其真实意愿。

## 159. 遗书笔迹

**【案件回放】**

埃米尔忍受自己的丈夫很久了。她每天在外面工作到很晚，给学生上课上到嗓子沙哑，到了必须靠药物才能够发声的程度，而这个男人却整天待在家里无所事事，只会伸手要钱、打妻子儿女、抱怨老天的不公平。

这天，两人再次发生了争吵，没有读过多少书的丈夫口不择言，对埃米尔肆意攻击和辱骂，情绪激动下埃米尔抓起手边的水果刀刺向了丈夫的胸部，那个以往总是力大无穷的男人这次只是挣扎了几下就不再动了。

埃米尔从最初的惊恐中清醒过来后，马上行动起来，擦去了房间里两人争斗的痕迹和水果刀上自己的指纹，同时将丈夫的指纹印上刀柄，将现场布置成自杀的样子。最后，她模仿丈夫的笔迹和说话的口气写了一份遗书，放在了丈夫的枕头下。

不过，自以为万无一失的埃米尔当天晚上就被警方逮捕了。

请问，埃米尔忽视了什么？

**【推理分析】**

写遗书时必然会有指纹留下，但丈夫写的遗书上却没有他的指纹，而只有埃米尔的指纹，说明遗书是伪造的。所以，埃米尔只注意到了模仿笔迹，却忽略了其他的东西。

## 160. 逃离家里

**【案件回放】**

小米下晚班后匆匆赶回家。一打开门，他就发现不对劲，抽屉、柜子全部被人打开了，里面的东西扔得满地都是；他刚买的一瓶红酒也被摔碎了，红酒渍正从墙上缓缓淌下来；床单上压着一把尖利的弹簧刀。小米愣了一下，突然反应过来，扭身夺门而出，跑下楼后，他才停下来掏出手机拨打了报警电话。

小米想到了什么？

【推理分析】

红酒渍正从墙上流下来，刀还在床单上，说明入侵者很可能还在家里。小米的惊恐就是因此而起。

## 161. 咬人的狗

【案件回放】

这天，小佳正和自己的爱犬吉娃娃窝在沙发上听音乐、吃零食，与她在同一层楼居住的小红气势汹汹地跑进来，瞪着眼睛气愤地吼道：“看好你的狗，你看看把我咬的！”

小佳莫名其妙，她的狗今天还没有出门，一直在家里待着，怎么会咬到她呢？但小佳并未发火，而是问：“咬在哪儿了？什么时候咬的？”一边问，她一边仔细打量着小红。

“就刚才在你家门口。”小红将自己的裤腿高高挽起，大腿的部位有两个浅浅的横向的红印。

小佳淡淡地说了一句话便让对方哑口无言，看了看跟在她身边的狗，悻悻而去。

你觉得小佳说了什么？

【推理分析】

小佳说：“你的伤口那么高，我的狗的身高还不到那个高度的1/3，你刚才躺我家门口了吗？”

## 162. 奇怪的行为

**【案件回放】**

警方调查到本市有一伙毒贩正在疯狂作案，但是毒贩实在是太狡猾，他们费了九牛二虎之力，也只是锁定了三个嫌疑人：

A. 大厦保安：他每天都与不同的人接触，有一次，有人看到他与一个毒贩交谈过，但他说自己并不知道那个人是毒贩。除此之外，他的生活非常规律，每天早晨7点钟上班，中午休息一个小时，下午6点钟下班，从不请假，也不迟到早退，偶尔趁中午休息的时候去附近的小超市买一些日用品。

B. 一名家庭主妇：她的生活可以用“一成不变”来形容。她每天早晨起床后，吃一点简单的早餐，然后打扫卫生，出门去菜市场买一些蔬菜和水果，再去买一些洗漱用品，然后回家做饭，吃午饭，午睡，下午再去市场逛逛买些日用品。

C. 一名家庭教师：她每周有两天的时间会到毒贩出没的小区去给一名学生上课，然后步行走出小区，打车回家。

对这三人观察了一周后，警方确定了最可疑的嫌疑人。

你知道谁最可疑吗？

**【推理分析】**

相较于其他两人，家庭主妇的行为更不正常，因为正常过日子的人不可能天天买洗漱用品和日用品。所以，她表面上是去买这些东西，实际上很可能是与毒贩进行暗中交易。

## 163. 看到警察“杀人”

**【案件回放】**

雾霾浓重的傍晚，10岁的家乐回到家后，拉着妈妈说：“妈妈，我看到警察杀人了。”妈妈吓了一跳，想起儿子放学回家的路上要经过警察局，他一定是看到了什么。担心儿子看到不该看到的，妈妈赶紧放下手里正在忙的事情，蹲下来问儿子：“你看到了什么？”儿子一脸紧张地说：“我看到一个警察拿着枪，对着远处的人连着打了好几枪。那个人被打得摇摇晃晃的。”妈妈愣了一下，转而笑了。

你知道这是怎么回事吗？

**【推理分析】**

警察是在射击人形靶子，而年幼的家乐透过浓雾看去，以为警察在杀人。妈妈笑了，说明她放下心来，也就是说她意识到警察并不是真的在杀人。

## 164. 消失的小偷

**【案件回放】**

一个夏天的中午，王旭在逛街的时候，突然发现一个长头发、白衬衫的女子在翻他放在身后的包。王旭当即大叫一声“小偷！”

那人马上扔下包，往一个小型农贸市场钻去。

当时路边正好有巡逻的警察，王旭一边盯着农贸市场的入口，一边向警察说明情况。警察马上带人去往农贸市场，堵住了农贸市场唯一的出入口，同时派人进去搜索。王旭当时并未见到女子正脸，所以就和警察专门寻找一个长头发、白衬衫的女子。没想到，一直没见到有这样的人出来，甚至连长头发的女子都没有见过。

农贸市场的窗子都很小，也很高，没有人可以从窗子逃脱。

事实上，小偷早就离开了。

这是怎么回事？

【推理分析】

小偷摘掉假发，脱掉衬衫，悄悄地离开了。

## 165. 被一只马蜂蜇死了

【案件回放】

艾菲尔被发现的时候已经身亡，一只马蜂正停留在他的额头上。法医检验后认为，死者是死于蜂毒。但奇怪的是，死者并非超敏体质，现场也并没有发现其他毒蜂。难道，一只马蜂真的能够蜇死人吗？

【推理分析】

实际上，除非超敏反应，一只马蜂不足以杀死一个人，所以，死者并非死于马蜂，而是死于他杀。凶手先将提炼出来的蜂毒注入死者体内，然后将一只马蜂与死者放在一起，造成马蜂蜇死人的假象。

第六章

# 数学推理：看破数字与数字间的关联

## 166. 烧脑的数学题

**【案件回放】**

学生甲拿着一道数学题请教学生乙，具体的题目是2、5、6、10、11、16、？、？、？

学生乙拿着这道题看了几分钟，给出了答案。学生甲看着结果忍不住感叹道："这真是一道烧脑的题目。"

其实，这个题目的答案不唯一，你知道这道烧脑的题目的答案吗？

**【推理分析】**

要得出答案，我们要先找出规律来。5-2=3，6-5=1，10-6=4，11-10=1，16-11=5，合起来就是31415。这个结果很容易让人想到圆周率3.1415926……依推算的结果可知，后面的三个数字依次应该是25、27、33。

当然，这个题目的答案不唯一，还有另外一个可能性就是，第6位的数字和第5位的数字的差为1，第7位数字和第6位数字的差为6，类推后，其结果就是17、23、24。

## 167. 奇妙的数字排位

**【案件回放】**

蒙纳德负责带领团队里的10名成员排练一个节目，以便在年终晚会上表演。出于节目需要，他需要将除了自己以外的10个人排成5排，每排都要有4个人。他尝试了很多种方法，都没有办法做到。

聪明的你，能帮助他吗？

【推理分析】

10个人排成五排有三种情况：并排五排，五边形、五角星。但能够做到每排有4个人的只有五角星的情况，每个人站到五角星线条的交叉点上正好符合要求。

## 168. 试开密码行李箱

【案件回放】

老王买回一个新的密码行李箱，付钱的时候，售货员已经告诉了他行李箱的新密码。但他后来忘了，只知道这三个数字每个数字都不同，三个数字加起来等于8。那么，如果老王一个个试的话，最多需要多少次才能找到正确的密码呢？

【推理分析】

首先我们需要知道三个什么样的数字加在一起等于8，其组合如下：

1+2+5：125，215，152，251，521，512；

1+3+4：134，143，314，341，431，413；

所以，老王最多需要尝试12次。

## 169. 令人迷惑的信号

【案件回放】

学生们上完晚自习后，纷纷走回宿舍，住在403室的学生也不例外。不料，大家刚刚走进大楼，楼里就发出了一声惨叫。宿管阿姨听到动静后上去一看，发现403室住在下铺的曼德已经身亡，其胸口插着一把刀，血流得半张床上都是。宿管阿姨一面通知了警方，一面通知了校领导。警方很快就到了，对现场实施了严密保护。经勘查，警方发现现场并未留下太多的线索，只有死者手边用血写着一串数字：5462436。对于死者所留下的这个信号，大家都觉得非常疑惑，不知道死者所要表达的到底是什么。

后来，警方根据死者生前的行踪和关系网，锁定了两个嫌疑人，一个是他的同班同学林晨，两人曾经有过矛盾，后来关系恶化，互不交往；一个是死者在校广播室兼职的同学，名叫莫伊，两人不同班，但几乎所有人都见过两人曾经因为谁当主播而发生过激烈的争吵。

调查结果显示，这两人彼此之间不认识，都没有不在场证明，也都有作案动机，而且也有作案能力。

那么，你认为凶手到底是谁？

【推理分析】

凶手是林晨。死者临死前留下的那串数字实际上是9键拼音输入法的按键顺序，如果我们按照5462436的顺序按出来，就会出现林晨这个名字。

## 170. 发出的求救信号

【案件回放】

两名男子一左一右紧紧跟随一名年轻女子走进便利店。女子买了面包、香肠、方便面等一大包食物，结账时却发现钱不够了，就提出自己刷卡付钱。于是，女子刷了卡，然后在支付凭证上签了名字。但是签名字的时候，签字笔似乎不太出墨，女子在购物凭证的空白处用力画了几笔，然后才顺利签了字。随后，三人便离开了。

收银员正欲将支付凭证收起来，视线无意中落在女子的笔迹上，那些笔迹似乎很巧合地圈出了5、0、5三个数字。她犹豫了一下，便拿起电话拨通了110。警方接警后迅速行动，找到这三个人后一调查，才发现年轻女子原来是误入传销组织，已经被人限制了人身自由而无法脱身。借此，警方成功打掉了一个犯罪团伙。

你知道这是怎么回事吗？

【推理分析】

女子借着签字笔不出墨的机会在纸上画了一些线条，但看似没有规律的线条圈出了纸上的三个数字：5、0、5。这三个数字合起来与“SOS”相似，而SOS正是国际通用的求救信号。机智的收银员看到这个“巧合”，意识到年轻女子很可能是遇到了危险，于是选择了报警，也正是这一善举，帮助年轻女子脱离了危险。

## 171. 一道密码算术题

【案件回放】

数学系的学生汤森去找导师审核论文。这篇论文花费了他很多心血，得到了导师的高度赞扬，导师承诺等他稍加修改后，会将这篇论文推荐到国内本行业的顶尖论坛上。汤森不愿意错过这个机会，于是将论文修改后，再次拿着论文去找导师。到了导师的办公室门口，汤森发现门没关，办公室里整整齐齐，桌子上刚泡好的茶还很烫，钢笔开着盖，桌子上的计算器还亮着，电脑里的文件打开着，房间一角的空调也还在运行，看来老师很快就回来了。汤森走进去，走到背门的办公桌后才发现地板上凌乱地掉落着一些纸，纸上面写着一个没写完的算式“55+55=？”汤森愣了一下，老师怎么研究这么简单的算式？忽然，汤森走出门，来到拐角处，看看没人，拨通了报警电话。

汤森发现了什么？

【推理分析】

55+55=110，而110就是报警电话。导师在遇险前慌乱地写下了这道密码算术题，向来人发出了求救的信号。

## 172. 肇事车的车牌号

**【案件回放】**

某市发生了一起离奇的车祸，一个年轻女孩站在路边等公交车时被一辆歪歪扭扭冲过来的小轿车撞倒，女孩重伤倒地，在昏迷的前一瞬间看到了车牌号码的最后四位——0186。当时正在下雨，路上行人很少，警方没有找到目击者。更糟糕的是，该街道的监控当天也坏了，所以女孩提供的车牌号成为警方破案的唯一线索。但警方根据女孩提供的线索找到了两位车主，一位车主正开着那辆车在外地旅行，另一位车主全天都在加班而且有监控作证，他们根本不具备作案时间。案件一时陷入僵局，难道这组所谓的车牌号是女孩重伤之际产生的幻觉？

后来的一天，主办此案的人员又在对着这组车牌号思考，起身拿资料时一不小心将写着车牌号的文件碰到了地上。文件倒着摊在地上，主办者弯腰捡起文件，突然脑中灵光一闪，瞬间知道了案件的真相。后来警方很顺利地找到了肇事者。

你知道真相是什么吗？

**【推理分析】**

女孩重伤倒地后，视线发生了翻转，所看到的事物与平时看到的事物是相反的。也就是说，所谓的0186实际上是9810翻转的结果，而昏迷之际的女孩意识不到这一点，还以为自己看到的是肇事者车辆的车牌号。

## 173. 弄巧成拙的盗墓贼

【案件回放】

一天，一个盗墓贼来到警察局自首。他说自己和同伴从一偶然发现的古墓中盗走了60件殉葬品，但后来团队内部发生矛盾，他的11个同伴偷走了所有的殉葬品。他不知道每个人到底拿走了什么宝物，但他可以肯定每个人都拿了奇数件的殉葬品，有人拿走了1件，有人拿走了7件……最后，盗墓贼提出只要警察为自己争取从轻处理，自己就可以说出所有同伴的名字。警察听完后只是沉思了一下，就马上知道他在撒谎。

【推理分析】

从数学的角度来说，偶数与偶数相加的结果是偶数，无论多少个偶数相加的结果都是偶数。奇数与偶数相加的结果为奇数；偶数个奇数相加的结果为偶数；奇数个奇数相加的结果为奇数。所以，从数学的角度来说，11个盗墓贼每个人都拿奇数件殉葬品的话，那么每个人拿的殉葬品数量的总数无论如何都不会是偶数件，也即不会是60件。所以，不管出于什么目的，自首的盗墓贼都是在说谎。

## 174. 保险箱密码

**【案件回放】**

小刘专门定制了一个保险箱以保存家里的贵重物品。他将保险箱放在卧室的床头柜边，然后将物品保管好，认为万无一失，就不再操心保险箱的事情。不料，几个月后，当他想从中拿出一笔钱的时候突然发现自己忘记了密码，只知道只要使密码锁的内外圈数字之和相同就可以打开保险箱。

保险柜密码锁内圈数字盘上的数字依次是1、2、3、6、7、9，外圈数字盘上的数字依次是5、4、10、9、8、2。

请问，怎样才能打开保险箱呢？

**【推理分析】**

仔细观察就会发现，外圈的数字随便一个都能在内圈找到一个数字凑成11，所以，只要将外圈最大的数和内圈最小的数对应起来即可。

## 175. 阿文的生日

**【案件回放】**

阿文4岁的时候，妈妈就去世了。他与爸爸相依为命，4岁以后每次生日的时候，爸爸都会送他一个礼物。然而前几天，就在他第6个生日的前一天，爸爸却在给他买礼物的路上出了车祸，等阿文赶到爸爸身边的时候，爸爸已经永远闭上了眼睛。

阿文伤心之下，出手将肇事司机打成重伤。警方虽然同情阿文的遭遇，但还是逮捕了他。公诉后，阿文以故意伤害罪被判5年。后来，因为肇事司机出具了原谅书，阿文最终被判刑2年。

正常情况下，阿文4岁丧母，在第6个生日的时候失去父亲，他应该是10岁，那么，10岁的孩子是否要承担刑事责任？

【推理分析】

这里存在着一个思维误区。按照正常的日历来看，阿文过第6个生日，应该是10岁，但如果是2月29日过生日，情况就完全不同了。因为只有闰年才有2月29日，而闰年是每4年一次，也就是说，阿明这时候的真实年龄应该是4+6×4=28（岁）。如果出了刑事案件，他是要负刑事责任的。

# 176. 分工钱

【案件回放】

农妇秦某和闫某一起外出做工，为果园主人栽种果树。秦某从西边开始，闫某从东边开始，两人各承包了3亩地。秦某做事利索，每小时可以栽种10棵树；闫某速度较慢，每小时可以栽种8棵树。不过，闫某来得比秦某早，所以秦某到的时候，闫某已经种好了5棵树。果园主人给出的工钱是560元。请问，秦某和闫某各分多少钱？

【推理分析】

不管两人的速度有多大差异，两人的工作总量是一样的——都是栽种3亩地。所以，两人的工钱是一样的，每人280元。

## 177. 打碎了多少个瓶子

【案件回放】

公司生产出来一批陶瓷工艺品，在运输的过程中因为保存不当，有一部分工艺品碎裂。本来运输师傅送货时每件货可以赚到1元钱，一共可以赚到3600元，但如果损坏一件要赔3元。结果现在不但没有赚到钱，反倒赔了很多钱，最后只得到了1760元。那么，这次的工艺品到底损失了多少件?

【推理分析】

损坏一件，运输师傅的损失为1+3=4（元），而运输师傅的总体损失为3600-1760=1840（元），也就是说，工艺品一共被损坏了1840÷4=460（件）。

## 178. 怎么付钱

【案件回放】

小明去购物的时候拿了200元钱的零钞，面额有1元、2元、5元。他数了数，大概有60张，其中2元钱的比1元钱的少4张。他买了大概186元的商品。

那么，小明去购物时给对方多少张钱就可以呢?

【推理分析】

假设1元人民币的数量为$x$，2元人民币的数量为$y$，5元人民币的数量为$z$。那么，可得三个等式：$x+y+z=60$，$x-y=4$，$x+2y+5z=200$。求解后可知$x=16$，$y=12$，$z=32$。

因为购物用的总钱数为186，那么小明的付钱方案应为2张1元，12张2元，32张5元，即一共需要给对方46张钱。

## 179. 赔了多少

【案件回放】

一天，超市老板在收钱的时候出了差错。顾客购买了80元的商品，付了100元，但是老板当时没有零钱，就拿了50元找邻居换了零钱，然后回来给了顾客20元。过了一会儿，顾客拿着商品回来，说有两样商品过期了，要求退货。老板无奈，只好将货退掉，给了顾客80元。晚上统计收支的时候，老板突然发现那100元是假钱。

这一进一出中，老板赔了多少钱?

【推理分析】

在这个案例中，其他的数据都是迷惑性条件，唯有给了顾客的

20元和80元是老板实实在在的损失。因为顾客购买了80元的商品，后来又退了，等于货物没有损失。老板找人换的50元，因为是等价兑换，所以也没有损失。故而，老板的损失其实只是那真正的100元钱。

## 180. 游乐园赶时间

**【案件回放】**

星期天，多多全家人去游乐园玩，一直玩到还剩15分钟闭园，他们还想玩最后一次太空飞船。太空飞船再有5分钟就不再放人进去了，现在，他们在海豚表演中心，到太空飞船那里有两条路可以走：一条是宽敞的大路，但是需要绕远，即使跑过去，也需要8分钟；另一条是河上的一座小桥，这座小桥非常窄，只允许两个人并排走，但只要过了小桥，直接就能到太空飞船的入口处了。如果他们一个个过桥的话，多多需要1分45秒，哥哥需要1分15秒，妹妹需要2分20秒，爸爸需要40秒，妈妈需要1分5秒。妹妹和多多已经上小学，没办法让妈妈抱着走。

请问，他们能够赶上最后一次太空飞船吗？

**【推理分析】**

能。多多、妹妹的速度最慢，只需要将最快的爸爸需要的时间加上多多和妹妹需要的时间，就是他们过桥需要的总时间，即4分45秒，少于5分钟，所以他们能够赶上。

## 181. 手工游戏

【案件回放】

小明向同学吹嘘自己前一天在家做手工，仅仅是将一张纸对折了10次，就叠出来了一个栩栩如生的白鹤。谁知，同学听了不仅没有夸奖他，还笑他吹牛。小明不服气地争辩，等同学说了原因，他却泄了气，只好承认自己夸张了。

同学说了什么原因？

【推理分析】

一张纸对折一下是2层，对折两下是4层，对折三下是8层，依次折叠下去，到10次的时候就是2的10次方，也就是1012层，相当于一本2000多页的书，这么厚的纸是不可能折得动的。

## 182. 孩子有多大

【案件回放】

老陈家有三个孩子。这三个孩子的年龄的乘积是18，年龄之和为8。那么这三个孩子的年龄分别是多大？

【推理分析】

分解18后，可得到两种组合，即1、3、6和2、3、3。因为三个孩子的年龄之和是8，所以，这三个孩子的年龄只能是2岁、3岁、3岁，即其中有两个孩子是双胞胎。

## 183. 座位的颜色

**【案件回放】**

一队小学生排队上车。车上有两种颜色的座位——红色的座位和黄色的座位。坐在红色座位上的微微看到红色的座位和黄色的座位一样多；而坐黄色座位上的晨晨看到红色座位比黄色座位多一倍。那么，车上到底有几个红座位，几个黄色的座位？

**【推理分析】**

微微看到红色座位和黄色座位一样多，说明红色座位为$x+1$个，而黄色座位是$x$个；晨晨看到红色座位比黄色座位多一倍，说明（$x+1$）/（$x-1$）=2。求解后可得到$x=3$。也就是说，红色座位有4个，黄色座位有3个。

## 184. 三针什么时候重合

**【案件回放】**

魏明早晨起床的时候发现床头的闹钟不走了，停在了三针完全重合的时间，离他正常起床的时间差了7个小时。事实上，他确定前一天晚上睡前特意校对了时间。请问，魏明到底什么时候起床？

【推理分析】

时针走1个小时，就走了30°，即每分钟走0.5°；分针1个小时转一圈，即走360°，每分钟走6°，秒针每分钟走360°，每秒钟走6°。三针完全重合的时候，也就意味着三针的夹角为0，假设当时为$x$时$y$分$z$秒，当$x=0$，则$y=0$、$z=0$，也就是0时0分0秒时，三针重合。当$x=1$时，如果时针、分针、秒针重合，则$30x+0.5y-6y-360z=0$，即$30x-5.5y-360z=0$。推算之后，就会发现，除了0、0、0和12、0、0外，任何一组数字都不可能让这个等式成立。结合题意，魏明晚上睡前校对了时间，那么他早晨起床看到的时间就不可能是中午12点，而只可能是0点，所以，魏明本来应该起床的时间应该是早晨7点。

## 185. 租车付费

【案件回放】

从机场出来后，乔伊、美琳和爱雅合租了一辆车去游玩，三个人商定AA制分担租车费。后来，乔伊到了一家商场门口下车，美琳和爱雅继续往前走；过了一会儿，美琳下车；爱雅则继续开车去了一个公园。中途，美琳决定不和她们一起回去，而是和另一个朋友继续在此地停留一周时间。于是，爱雅返回的路上接了乔伊，两人一起返回机场。

乔伊下车的地方是机场与美琳下车点的中间位置。而爱雅去的公园与乔伊下车点间的距离是乔伊和美琳下车点间距离的一半，而这次租车一共用了306元，请问，美琳要付多少钱？

**【推理分析】**

如果将整段路程分成5份，那么去的时候，乔伊走了2份，美琳走了4份，爱雅走了5份；回程的时候，爱雅走了5份，乔伊走了2份，而美琳则没有走。所以，这三人各自走的路程分别为乔伊4份、美琳4份、爱雅10份。也就是说，美琳坐车的路程占全程的4/（4+4+10）=4/18，其分担的费用为68元。

## 186. 免费的餐饮

**【案件回放】**

小洲和5个朋友组团到美容店做美容，那家美容店的性价比很高，美容师的手法也非常棒。小洲和自己的几个朋友经常去。这天，他们一人一个房间做完美容后与老板开玩笑，称自己经常来，要给优惠才行。老板给出了一些优惠套餐，但小洲不满意。老板无奈，想了想，告诉6个人说："看你们常来，我就破个例，除了刚才的套餐，再给你们个优惠。只要你们每人每次都让不同的美容师给你们服务，等到每个人的次序都不重复的时候，我就给你们一个月的免费服务。"小洲听了很满意，带着朋友们离开了。不过，回家的路上，小洲越想越觉得不对劲，到底哪里不对劲呢？

**【推理分析】**

一个人换一个美容师，就有6种分配方法，第二个人则递减，最后，这6个人就有6×5×4×3×2×1=720种分配方法。就算天天去，小洲他们也得两年才能够得到一个月的免费美容机会。所以，这样的免费机会其实根本就不免费。

## 187. 包书

**【案件回放】**

新学期开始了，小晴要给自己的新书包上书皮，以便好好保护书本。她一共有10本书，5本书的尺寸是长40厘米、宽30厘米、厚5厘米，还有5本是长30厘米、宽20厘米、厚5厘米。那么，她最少需要多少平方厘米的包装纸呢？

**【推理分析】**

这个案例其实就是最简单的面积计算。包书要把书的表面积折起来，（40×30×2+40×5×2+30×5×2）×5+（30×20×2+30×5×2+20×5×2）×5=24000（平方厘米）。

## 188. 篮球赛

**【案件回放】**

在一次篮球比赛中，甲队和乙队同时闯入了决赛，他们将再次进行比赛。在这次比赛中，甲队只要领先乙队6分，就能够出线，但离比赛结束只有1分钟了，而甲队只领先了乙队2分，而对手实力强劲，眼看甲方不可能出线了。这时，甲队的教练经过慎重考虑，在比赛结束前的半分钟里做了决定，为甲队赢得了一个有可能赢的机会。

你知道这个决定是什么吗？

**【推理分析】**

甲队教练故意输球，让乙队赢2分，这样，两队成绩持平，可以同时进入加时赛，甲队就获得了一个翻身的机会，但如果甲队一定要在该轮比赛中得到6分，基本上没有胜算，注定要被淘汰。所以，对于甲队来说，打成平手是一个好的选择。

## 189. 页码数

**【案件回放】**

出版社在刊印一本书的时候，根据计划打算刻印一些数字铅字，以便为书编页码。现在，只知这本书一共有253页，那么一共需要多少个铅字呢？

**【推理分析】**

1到9页，每页一个数字铅字，共9个；10到99页，每页两个数字铅字，共180个。也就是说，前99页，一共需要189个铅字。从100页到999页，则每页需要3个数字铅字。这本书一共有253页，减去前面的99页，还剩下154页，则一共需要154×3=462（个）铅字。所以，这本书一共需要189+462=651（个）铅字。

## 190. 奇怪的算术题

【案件回放】

很快就要春节了，远在外地工作的林南算了算时间，发现自己只有一周的假，除掉路上的时间，只能在家待3天，他想了想，决定春节就留下来加班好了。这天，他加班后回到家已经晚上11点，妻子和女儿都睡了。女儿的学习桌上摆着一张纸，上面写着一串字符：

（7–4）×（24–10–3–2–3–3）×（80–56）÷24=？

纸上除了这串字符，还有女儿稚嫩的乱七八糟的演算笔迹。林南感到奇怪，上小学3年级的女儿并没有学这样复杂的算式，这是什么意思？他又看了一遍，突然间掉下了眼泪。

你知道这是怎么回事吗？

【推理分析】

这个算术题其实是一个时间问题，7是一周7天，春节期间放假7天，林南在路上的时间为4天，在家的时间为3天。在这3天里，每天睡觉10个小时，吃饭3个小时，会友2个小时，做事3个小时，应酬3个小时，每天留下的3个小时是可以完全陪伴父母的，这样，一年里，他只有4×3=12（个）小时的时间可以陪伴父母。如果父母可以活到80岁，现年56岁，那么他能够陪伴父母的时间此生只有12天。林南忽然意识到了这个奇怪的算式背后的内容，顿时哭了。

## 191. 常客人数

**【案件回放】**

林柯打算开一家咖啡店，开店之前他需要对周边的人群进行分类定位。为了拿到详细的数据，他花了一周的时间进行走访，最后，他得到了这样一组数据：在这附近常驻的有一半是本地的居民；还有1/5是上班族；1/6是过客，因为这附近有两个客车中转站；1/11是政府人员和各类社会机构的人员；还有800人是外籍人士。

试问，林柯的咖啡店周围每天大概有多少人呢？

**【推理分析】**

假设常客的人数为$x$，可列出以下公式：$x-(x/2+x/5+x/6+x/11)=800$，则$x=188571$（人）。

## 192. 谁杀了化学专家

**【案件回放】**

化学专家戴维在工作的时候突然被人枪杀。死者坐在办公桌前，桌子上摊着大量的文件，其中包括一份化学元素周期表。警方调查后发现，死者是被人在门口射杀的，凶手并未进入办公室，作案后很快离开，听到声音赶来的人员太多，破坏了凶手留在门口的脚印。不过，警方发现死者手边的一份文件上，歪歪扭扭地写着一串数字，即557619，最后一个字断断续续，显然死者当时已经没有了力气。

经调查，警方锁定了三名嫌疑人：

1. 比尔，18岁，化学专家的学生，刚上大学，和专家一起参与一个项目的时候，与专家发生过冲突；

2. 马克，35岁，化学专家的同事，两人曾经因为项目发生了激烈的冲突，平时，两人很少来往；

3. 布莱克，27岁，化学专家的助手，但两人性情不合，经常发生口角。

你知道凶手是谁吗？

**【推理分析】**

凶手是布莱克。

根据化学元素周期表这一明显的提示可知，那串数字必定和化学有关。查看化学元素周期表，我们就可以发现，第5号元素是B，即硼；第57号元素为La，即镧；第6号元素为C，即碳；第19号元素为K，即钾。这五种元素组合起来就是“black”，即布莱克。

## 193. 奇怪的概率

**【案件回放】**

老杜在街上闲逛的时候，发现路边有个猜赌的小摊位。对方将一个骰子放进4个倒扣着的大茶杯中，快速地移动茶杯，然后让人猜骰子到底在哪个茶杯下，猜中的人可以得到一份大米，猜错的只需要掏1元钱即可。老杜默默地看了一会儿，发现人们都是猜一次不中就不会再猜了，但他认为1次猜中的概率为1/4，自己猜两次猜中的概率就是1/2，玩的次数多了，成功的概率自然也就大了。于是，他玩了一把又一把，结果连输了十几次都没有得到那袋大米。他百思不得其解，这是怎么回事呢？

**【推理分析】**

其实，只要杯子的数量不变，不管老杜玩几次，其猜中的概率都只是1/4，根本不存在多玩几次猜中的概率就变大的可能，相反，他只会越输越多。

## 194. 判断失误

**【案件回放】**

陌陌买了套整装沙发。他家住4楼，沙发要通过电梯送上楼。买之前，他特意量过电梯和过道的尺寸。电梯的长、宽、高依次为：2.5米、2米、2米；出了电梯后过道宽度是90厘米。不过这没有影响，沙发只要能被搬进电梯就能被搬上楼。于是他买了个2米长、90厘米宽、100厘米高的沙发，等了几天后，沙发送到了，而陌陌请人把沙发往电梯上搬的时候才发现，沙发卡在过道上，怎么都搬不进门。

这是怎么回事？

【推理分析】

陌陌的失误在于没有考虑到出电梯后，沙发的宽度要小于过道的宽度，如果两者一样宽，就会出现这样的情况，搬运沙发的人完全无法转身，以至于影响了搬运行为。

## 195. 聪明的歹徒

【案件回放】

一名小偷偷窃得手撒腿就跑，失主在后面骑上自行车以两倍的速度紧追不舍。

跑着跑着，小偷来到一个圆形大水池的旁边，里面的水不深，只没过脚背，小偷毫不犹豫地跳进水池涉水逃跑。失主跑到水池边，发现小偷在水池里，他判断了一下小偷逃跑的方向，就马不停蹄地骑着自行车向那里追去。

小偷看着失主渐渐跑到了自己的前面，转身向失主的对面跑去，等失主绕过水池，小偷已经跳上一辆出租车消失在远处。

为什么失主没有追上小偷呢？

【推理分析】

本案中，虽然失主骑着自行车，速度是小偷的两倍，但是当失主跑到前面，小偷却在水池中央转向逃跑，这样他只需要跑一个半径的长度，而失主却需要转半个圆，自然是追不上的。

## 196. 不对等的相等式

【案件回放】

投资界流行这样一个不对等的相等式：1分钱=1角钱=1元钱=10元钱=100元钱=……

众所周知，一分钱就是一分钱，什么时候都不会变成更多的钱，那么这个等式到底是怎么回事呢？

【推理分析】

从通货膨胀和社会发展的角度来说，同样的1分钱可能相当于30年后的100元钱。从投资的角度来说，将1元钱进行投资，若操作得当可能获得数倍乃至上百倍的回报。所以，从投资的角度来说，这个不等式也是相等的。

## 197. 贝壳的数量

【案件回放】

小梅去海边玩的时候捡了很多贝壳，这些贝壳是她精挑细选的，个个饱满漂亮，纹理清楚，色彩也很丰富。她的同学小羽见到了很喜欢。于是她分了一半的贝壳给小羽。后来，小羽又看上了她的最小的一个白色的贝壳，于是，她将它也送给了小羽。

后来，她的好久不见的朋友小筠等三个人来家里玩的时候，看见她的贝壳爱不释手。小梅就将自己手中的贝壳送了一半给小筠他们，并额外多给了小筠一个红色的贝壳。

这下子，小梅只剩下了6个贝壳。不过，她还是很高兴，因为大家都很喜欢她的贝壳。

请问，小梅一共捡了多少个贝壳?

**【推理分析】**

设一共捡了$x$个贝壳，可得等式：$x/2-x/4+1/2=6+1+1$

求解可得$x=30$。

## 198. 信封里的钱

**【案件回放】**

暑假期间，10岁的淘淘需要独自去超市购物，她的妈妈上班前给她留了一些零钱，这些零钱装在信封里。那是一个没有任何标志的空白信封，信封上面龙飞凤舞地写了一个数字：98。淘淘看也没看，就将信封装在口袋里出门了。

到超市后，她选购了一些零食、一些日用品，还有两支铅笔。她算了算，这些物品的总价应该在90元左右，信封里的98元钱应该够用。于是，她将这些东西放在收银台上，然后将信封里的钱拿出来，自己留下8元，将剩下的递给了收银员。谁料收银员扫完物品，然后点了一下钱，告诉淘淘说还差4元。淘淘愣了一下，然后将其中一样物品拿出来放回去，只购买了剩下的物品。

等妈妈回到家，淘淘撒着娇说："妈妈，你给我的钱不对，分明是86元，你数错了，害得我当众出了丑，还倒欠人家4元。"

妈妈一听哈哈大笑起来，她告诉淘淘真相后，淘淘自己也忍不住笑了。

这是为什么？

**【推理分析】**

信封里的钱本来应该是86元，而淘淘看反了，以为里面是98元，所以才会出现不但没有剩下8元，反而倒欠4元的情况。

第七章

# 时间推理：揭开时钟背后的秘密

# 199. 妻子死后

**【案件回放】**

结婚纪念日这天，克拉克推掉情人的约会，与妻子在家享受二人世界。晚餐时他们喝了不少葡萄酒。临睡觉前，克拉克照例给妻子放洗澡水，特意将温度调高了一些。

处在兴奋状态的妻子被幸福的感觉包围，根本没有在意水温的变化，更何况热腾腾的水很舒服，便没有说什么。

半个小时过后，克拉克见妻子还没有洗好澡，便去问水是否凉了，却见妻子躺在浴缸中，脸色苍白、嘴唇发紫，已经没有了知觉。

克拉克马上叫了救护车，却依然没有救回妻子。医生检验后认为死者死于突发心脏病。

一个月后，克拉克带着妻子的死亡赔偿金与情人远赴夏威夷度假。

请问，妻子到底是怎么死的？

**【推理分析】**

心脏病病人是不能长时间洗热水澡的，再加上酒精的作用，很容易引发心脏过度兴奋，从而诱发心脏病。克拉克明知妻子有心脏病，却故意在结婚纪念日这天，与妻子大量喝酒，并调高了洗澡水的温度，将妻子置于危险之中。

## 200. 早晨6点的影子

【案件回放】

海边城市，早晨6点钟，阿让和孩子一起去室外跑步。太阳刚刚露出半张脸，孩子调皮地踩着两人的影子欢快地往前跑。跑着跑着，孩子回过头，扬起天真的笑脸问了一个问题："爸爸，谁的影子长？"

你知道这时谁的影子长吗？

【推理分析】

海边城市的海拔很低，刚出来的太阳是贴着地平线或者海平线的，这时，物体的影子几乎是平行的，也差不多是和自身等长的。所以在两人保持站立的情况下还是爸爸的影子长。

## 201. 越过大沙漠

【案件回放】

户外探险爱好者艾米拖着一个破破烂烂的大旅行包，挣扎着踏上了沙漠边缘的绿洲。不远处的房子里跑出来几个人。面对来人，满头大汗的艾米跌跌撞撞地走了两步就摔在地上，来人递上水，他接过来咕咚咕咚喝了好几口，然后喘了口气，指着拖来的物体告诉来人："那是我朋友，帮忙找个车好吗？我们在沙漠中走了差不多一周，遇到了沙尘暴，已经断水了，他在沙尘暴中受了伤，我们都快到沙漠边缘了，他却没挺过来。”那个大旅行包里裹着一个已经僵硬的人，满面风尘，皮肤、嘴唇都已经干裂。

来人中的一位老人走上来，仔细看了看尸体，又看了看艾米，转过身让一个小伙子去打电话叫车，然后又附在小伙子耳边悄悄说了一句话。

不久，艾米等来了他需要的车，也等来了警察。

这是怎么回事？

**【推理分析】**

如果真如艾米所说，人会严重脱水，根本就没有汗可出。

## 202. 钟表店里的表

**【案件回放】**

艾玛去逛钟表店，打算为刚装修好的房子挑选一款高档大气的钟表。她看来看去，发现了一个很有趣的现象：绝大部分钟表店的钟表都指在一个统一的时间上，如10：10：00、10：08：45或10：30：30。这些表的时针、分针均呈V字形，而不会是乱糟糟的样子。这是怎么回事呢？

**【推理分析】**

首先，在人们的潜意识里，10点左右往往是人们比较清醒、利于做出理性决定的时间，同时，V字形也是胜利的象征，上扬的形态很容易让人觉得欣悦。此外，店里的钟表时间统一指向某个时刻，也会给人整洁清爽的印象，吸引顾客延长停留时间，从而增加成交概率。

## 203. 泡桐树下的凶案

**【案件回放】**

深秋的早晨，街心公园高大的泡桐树下停放的面包车上被人发现了一具胸口插着一把刀的尸体。警方接到报警，马上来到现场。车子周围的地面上落满了泡桐树叶，踩上去沙沙响；车顶上也散落着几片树叶。车子没有牌照，虽然很旧，但门窗完好，显然是被人开到这里抛弃的。

警方看完现场命人马上去调周围监控排查一个小时之内步行或者骑车从这里离开的人。很快，警方便锁定了嫌疑人——半个小时前步行离开这里的一个中年男子。

请问，警方是怎样确定凶手离开不到一个小时呢?

**【推理分析】**

深秋时分，泡桐树会大量落叶，时间久了，停放在树下的车子上也会铺满落叶，地上的落叶就是明证。但警方看到的车子上却只有零零散散几片树叶，这说明凶手必然离开不久。

## 204. 一杯冰咖啡的时间

**【案件回放】**

夏天的一天，小梅被杀后，有人发现了她的尸体，于是马上报警。警方很快赶到并控制了现场。现场的窗户开着，整个房间都很干净，只有桌子上放了一杯咖啡，上面有死者的指纹。那是杯冰咖啡，杯子里的冰块都还没有完全融化，也就是说死者被杀的时间应该不会超过半个小时，但是法医检验后却发现，死者身体的各种迹象都表明其死亡时间应该是一个小时前。

死者不可能死后泡咖啡，凶手也不会冒着被人发现的危险回到现场泡咖啡，那么，那杯冰块没有完全融化的咖啡是怎么回事呢？

**【推理分析】**

关键就是降温以改变时间。凶手用一定量的干冰将杯子包裹起来，干冰在升华的过程中，吸收大量的热，降低了杯子的温度，延缓了冰块化掉的时间。开着的窗户又释放了升华后的二氧化碳，使整个现场不留痕迹。

## 205. “11月31日”的转让合同

**【案件回放】**

林老太太去世后，几个孩子为了遗产的事情争执不休。一直与林老太太一起居住的老二拿出一份遗嘱，说林老太太的50万元现金平分给三个儿子，价值200万元、位于郊区的一套两居室给老大，位于市中心的180平方米的商铺给老二，林老太太生前居住的登记在其名下的那套150平方米的价值300万元的房子给老三。

看完遗嘱，老大一脸铁青，一语不发；老二低头沉思，不作表态；老三轻轻一笑，从口袋里掏出一份密封完好的文件，当着两个哥哥的面拆开。那是一份转让合同，上面写着："我今将名下的位于某街81号的180平方米的商铺转让给小儿子李某，我去世后，此商铺不参与遗产继承。林某，2016年11月31日。"

看着两个吃惊的哥哥，老三笑着说："你们不知道，去年，妈就将这个商铺转给我了。这是我们签订的转让合同，所以，作为我个人的财产，现在二哥无权继承那个商铺。"

大哥拿过那份转让合同，反复看了两遍，忽然笑出了声："这明明是假的转让合同，看来你费了不少心思啊！"

这份转让合同到底是不是真的？

**【推理分析】**

合同当然是假的，因为按照日历，11月根本就没有31日。

## 206. 即使白天也点蜡烛

**【案件回放】**

下午3点30分，莱利正坐在窗前写小说。很快，他觉得房间里变得异常昏暗，风也大起来，抬起头看看，窗外不知什么时候已经变天了，不时有几滴雨点落进来，莱利便站起来关上了窗子。他按了一下开关，灯没亮，看来是停电了。小说正写到关键的地方，他怕自己错过这个时间就会失去创作灵感，便找来以前剩下的蜡烛，点燃后放在窗前，在和父亲进行短暂视频通话后，他坐在烛光里继续写作。这时，窗外风雨大作。

5点钟，雨住风停，老莱利去看望自己的儿子。他给儿子打了几次电话，都没有人接。

一打开门，老莱利就被眼前的情景惊呆了，儿子仰躺在椅子上，胸前被捅了好几刀，鲜血溅满了桌子上铺的稿纸，一支钢笔掉在地上。他大叫一声，跑出门去叫人帮忙。

10分钟后，警察来了。他们一边检查尸体，一边说："死者肯定是在写小说的时候被杀的，死亡时间估计是4点30分。"

莱利死于重伤后大量失血，但周边没有挣扎的痕迹，显然，他在受伤后已经失去了行动能力和呼救能力。窗前的蜡烛已经熄灭，半点烛泪也没有流下；稿纸也还铺在桌面上，只是染上了血迹、雨点，被从窗缝里透进来的风吹得微微颤动。

一名警察肯定地说："凶手肯定是下午4点之前动手的。"

警察是根据什么判断出来的呢？

**【推理分析】**

死者点燃蜡烛后，蜡烛被放在窗前。这时，窗前的窗缝是透风的，所以蜡烛的火焰一定会偏向一侧，使得一侧流下烛泪，但警察看到的蜡烛却没有一点烛泪。所以，死者一定是在蜡烛点燃后不久就遇害了。之后，凶手吹熄蜡烛离开现场，而莱利则黯然离世。

## 207. 昙花什么时候开花

**【案件回放】**

9月份的一天，某小区发生了一起命案。警方现场查验后断定案发时间在前一晚的8点半到9点之间，通过作案动机、活动时间等分析锁定了两名嫌疑人，并在现场发现了两人的指纹。这两名嫌疑人一个是死者的邻居，与女友同居；一个是死者的朋友，独自住在离死者家40分钟车程的另一个小区里。当警察开始审问的时候，两名嫌疑人各自陈述了自己当时的活动。

第一名嫌疑人："我们是邻居，所以平时都有来往。昨晚8点左右的时候，我家的热水器出了点问题，维修的时候需要用到扳手，但是我家没有，所以到他家去借。他给我拿了扳手，我们聊了一会儿热水器的问题，然后我就回家修理热水器，修完后已经9点多了，所以没去还扳手，洗澡后就睡觉了。昨晚我女友在我家，她可以证明。"

第二名嫌疑人："昨天中午的时候我和他一起用的餐，吃完饭聊了一会儿，傍晚回到家。晚上我没有出门，因为我发现种了很久的昙花终于要开了，所以就打算拍一些照片。吃完晚饭以后，我就一直在观察它，并和我的朋友们在微信里分享开花的全过程，我还给朋友们发了昙花开花的照片。后来12点多的时候，花就枯萎了。

我有微信记录为证。”

警察分别到两名嫌疑人的家中去核实。

在第一名嫌疑人家中，警察确实在热水器上发现了维修留下的痕迹。

在第二名嫌疑人家中，警察找到了已经枯萎了的昙花。去的时候是傍晚，光线不足，嫌疑人打开了灯，警察在有些刺眼的光线里看到了摆在客厅的昙花花瓣暗淡无光泽，完全没有生机。同时，警察在第二名嫌疑人的微信中也确实找到了微信聊天的记录，上面有多张清晰的昙花图片。经检查，这些照片确实是嫌疑人的手机拍摄的，且都有时间显示。根据拍照的时间记录显示，间隔最长的时间为半个小时，不足以让嫌疑人行凶后再回到家中。

警察对这个结果感到疑惑，因为两人都在现场留下了指纹，但两名嫌疑人又都有证据证明自己不是凶手，似乎又都没有作案时间。

后来，警察又回到第二名嫌疑人家里仔细观察，发现其客厅中的窗帘和其他房间的窗帘都不一样，而是特选的遮光窗帘。那么，你知道谁是凶手吗?

**【推理分析】**

第一名嫌疑人家中确实有热水器维修的痕迹，而且有人可以证明，所以第一名嫌疑人不是凶手。

第二名嫌疑人家中确实有枯萎的昙花，而昙花也的确是在晚上8点到10点钟开花，时间可以维持三四个小时，但是客厅明亮的光线、厚实的遮光窗帘这两个因素指向了一个可能性：嫌疑人在白天遮挡阳光，营造黑暗的环境，晚上用足够强的光线照射昙花，模拟白天的环境，改变了昙花的开花时间；通过改变手机上的时间设置，使照片的拍照时间记录也发生改变。这样嫌疑人只需要在合适的时间将照片通过微信发送出去，即可为自己制造不在场证明。

## 208. 昏迷在地下室

【案件回放】

放暑假了，柯琳娜原定7月6日晚上乘飞机回家，但她想到爸爸这一年来重病在床，而父母的感情又不和，于是临时改变主意，谁也没通知，5号一大早就坐上了飞机，等她到家，已经是上午10点钟。

进了门，柯琳娜发现家里异常安静，她叫爸爸，却没有人应答，走进爸爸的卧室一看，爸爸已经停止了呼吸。她赶紧给妈妈安娜打电话，却发现妈妈的手机就在客厅的桌子上。她马上报了警。

警察来后，经检查发现死者是死于窒息。随后，警方搜查了整座房子，最后在地下室里找到了柯琳娜的妈妈。当时，安娜正昏倒在地上，法医检查后在她体内发现了少量安眠药和乙醚。柯琳娜抱着妈妈一阵呼唤，安娜悠悠醒来。一清醒，安娜就大哭起来："你们总算来了，昨天下午，我正在给你爸爸喂药的时候，突然被人捂住嘴巴，还往我嘴里塞了东西，然后我就晕过去了。迷迷糊糊的时候，我听到来人说要坐7月5号中午11点半的车去外地，现在就剩半个小时了，你们快拦住他们。"

警察看了看地下室，整个地下室周围没有任何光线，只有警察手中的照明灯，也没有任何计时工具。一位警察笑道："女士，请你说说，你为什么要杀死你的丈夫？"

柯琳娜的妈妈一听，顿时瘫倒在地。

警察为什么这样说呢？

【推理分析】

地下室暗淡无光，白天和黑夜都没有什么分别，昏迷在地下室的安娜根本就没有办法判断当时到底是白天还是晚上。按照女儿回家的时间，安娜的第一反应应该是7月6日晚上，而不是明确指出是7月5日中午。所以，在整个案件中，安娜的嫌疑非常大。

## 209. 背景上的合欢花

【案件回放】

6月初的一天，一场暴风雨后，南方某座城市多处电力中断。晚上8点钟，警方接到报案称，一个女子的丈夫被人杀死在家里。警方赶到现场后发现，死者生前大量喝酒，衣衫不整地躺在床上，床上被褥凌乱不堪，显然死者死前曾有过挣扎和搏斗，但家中没有找到凶器。随后的尸检结果显示，死者死于当晚7点钟左右。不巧的是，死者小区停电，所有的监控都没有拍到有用影像。根据痕迹学分析，警方锁定了两名嫌疑人，一个是死者曾经的合伙人，一个是死者的妻子，这两人都在现场出现过，且都在案发前与死者发生过争执。

合伙人告诉警察自己去向死者讨债，去的时候，死者喝了很多酒，两人争执了几句，男子还试图打他。拉扯一番后，他看对方语无伦次，知道讨钱无望，只好离开，打算改日再去。离开的时候，死者正歪歪扭扭地爬上床。不过他没办法证实自己的话，警方也没有找到相关的目击者。

而死者的妻子则声称案发时她正在离家40分钟路程的公司加班："我和他的关系一向不太好，他出轨了，我要和他离婚，但他不同意，中午我们因为这个事情吵了一架，然后我就出门去了公司，下午和晚上都在公司加班。7点的时候雨停了，我整理好资料，7点10分的时候我还在朋友圈上发了张正在工作的照片。后来我就回来了，结果就发现了这样的事情。"妻子还给警方看了自己朋友圈里的照片，的确是在办公室里的自拍——桌子上的电脑开着，背后是窗户，窗户敞开着，窗外光线变暗，在朦胧的光线中隐约能看到窗外是棵枝叶舒展的合欢树。

警察仔细看了照片，并将照片送到技术科去鉴定，之后就决定逮捕妻子。果然，几个小时的审讯后，妻子就交代自己因丈夫出轨、不同意离婚却暗中转移财产而萌生杀意，于是趁着小区停电的偶然机会下了杀手。

你知道警方从哪里看出了破绽吗？

**【推理分析】**

光照的变化会影响合欢花的开合状态，随着夜幕降临，合欢花的叶片会合上，白天则打开。而嫌疑人提供的照片上的合欢花枝叶舒展，也就是说当时的时间应该是白天；窗外光线暗淡，说明照片更可能是在暴雨前的阴沉光线中拍下的。但死者却说自己是在7点多的时候拍下的自拍，这只能说明照片是伪造的，那么死者妻子所提供的不在场证明就不成立。

## 210. 夜半失火

【案件回放】

一天半夜，公寓里12层楼的两位住户家里突然失火，住在左侧的一家人跑了出来，而住在右侧的一家人却全部在大火中丧生。

蹊跷的是，法医检验后发现，死者体内有大量的一氧化碳，而鼻腔和肺部却没有烟尘，再加上警方在现场完全没有发现死者在大火中挣扎的痕迹，因此断定，死者在大火发生之前就已经煤气中毒。

这引起了警方的格外注意。

经过调查，警方锁定了两个嫌疑人。一个是大火中幸存的另一个受害者——郑小姐，她说："我白天出去逛街了，到家的时候很累，所以很早就睡了，幸好半夜起夜，我觉得空气不对劲，打开灯发现周围起火了，我们就逃出来了。出来一看隔壁也是烟雾弥漫，我就赶紧敲了他们的门，然后跑出来了。"

一个是右侧一家人的女主人的情人。他住在离出事地点半个多小时车程的另一个小区。一年前，他与女主人相识相恋，在情根深种之后，却发现恋人早有家庭。他提出分手，对方不答应，他让对方离婚，但对方一直敷衍他。后来，两人一直纠缠了大半年，直到一个月前才渐渐减少来往。警方找到他的时候，他从口袋里掏出一封信："原来是真的，我还以为是开玩笑呢！这是我今天晚上收到的信，你们看看吧。"警察一看，上面写有："大火已经燃起，如果不想心上人死，就马上到该小区去。"这时，大火刚刚熄灭半个小时。

警察面面相觑，立刻将情人带回了警局，你知道为什么吗？

**【推理分析】**

在案发后半个小时内，离出事地点半个多小时车程的情人不可能会收到信件。他过早地收到这封信，只能证明，他必然参与其中。

## 211. 手表时间错了

**【案件回放】**

高考前夕，住在同一个宿舍的4名同学要彼此校对一下手表，以便在考试时准确地把握时间。他们分别看了表，发现每个人的时间都不一样，A的时间是7∶08，B的时间是6∶40，C的时间是7∶15，D的时间是6∶53。

等他们校对完时间发现，有人的手表快3分钟，有的慢25分钟，有的快10分钟，有的慢12分钟。

那么，他们是何时校对手表的？

**【推理分析】**

7∶05。用最快的时间减去快得最多的时间，或者用最慢的时间减去慢得最多的时间，就能够得出正确答案。

## 212. 小说家被杀

【案件回放】

一位小说家死了，被发现的时候，他左手握着一把改装的消音手枪，枪击位置在太阳穴。他右手放在桌子上，手下压着一张遗嘱："生活太累了。"一切迹象都表明这是自杀。

不过，法医检验后发现，死者的左手肌腱陈旧性断裂，以那样的伤势来说，他的左手根本就无法用力。询问过家人后，警方得知，小说家是左撇子，他的所有作品都是用左手写的。自从受伤后，他就开始练习用右手写字。随后，警方发现死者被杀之前，有两个人出入过他的家。

一个是他的初恋情人，两人已经十来年未见面。一天前，初恋情人到本市，两人见面，发生不愉快，不欢而散。

另一个是一位编辑，之前曾与小说家合作过。后来小说家私自将已经签售给他的作品转手卖给他人，使得这位编辑遭受了巨大的损失，他这次来，就是就此事与对方协商。

警方仔细查探后，发现凶手就是其中一人。

谁是凶手呢？

【推理分析】

死者是左撇子，他身边的人都知道这一点，如果凶手在这两个人中，那么只能是不知道死者左手受伤的刚刚从外地回来的初恋情人。

## 213. 奇怪的字条

### 【案件回放】

雯雯是一名推理小说爱好者，她不仅喜欢看推理小说，还会在生活中玩一些推理游戏，她的家人也习惯了她不时的小游戏。她的丈夫喜欢看球赛，这天下午，正好有一场他喜欢的球队的比赛。她想提醒丈夫到时候准时开始观看，便在临出门前，给自己的丈夫发了条消息，上面写着一行字："必，莫忘球赛。"

丈夫回来后看到消息，先是一愣，然后便笑了。

你知道球赛几点开始吗？

### 【推理分析】

根据案例内容来看，显然"必"并非人名。实际上，这是球赛开始的时间——必拆开来看的话就是三点七分。

## 214. 有人闯入

### 【案件回放】

一天，单身、独自在外地的王嘉与朋友共进晚餐，直到晚上10点钟动身返回。

一名窃贼路过他家，发现房间里没人，便大胆闯入，打开灯，将房间里值钱的物品席卷一空，然后将储物柜复原，关上灯。正准备离去的时候，突然听到了推门的声音。窃贼掏出折叠刀，迅速躲到衣柜旁边的窗帘后面。这时，推门的声音停了，门外的人退出去，门被重新关上。

窃贼正在窃喜，打算稍等片刻等主人彻底离开。突然门口传来破门的声音，几名保安冲了进来。窃贼一脸茫然地看着跟进来的王嘉。王嘉看到他的神色笑了，走到桌边，顺手将桌子上的夜光闹钟推到一边去，心想“幸亏我及时发现了”。

房间里没有开灯，王嘉是怎么发现房间有人闯入的？

【推理分析】

王嘉的闹钟是夜光闹钟，其原理是在闹钟表面和指针上涂上荧光粉，荧光粉吸收光线后便可以释放出光源来。但荧光粉的发光能够维持的时间非常有限，通常只有1—3个小时，而且随着时间的流逝，夜光闹钟会越来越暗。在王嘉出去用晚餐的时间里，荧光粉里储存的光消耗殆尽，闹钟在黑暗中已经非常暗淡，但王嘉一进门却注意到闹钟的光线非常清晰，说明不久前有人打开过灯，让荧光粉吸收了光线。

## 215. 门外的异动

【案件回放】

塞克夫人独自在家休息的时候，突然听到门外响了一下，然后便传来了开锁的声音。塞克夫人快步走过去趴在门上从猫眼里看了一下，分明看到一个蒙面的男人手里拿着明晃晃的刀正在摆弄门锁。她在躺下的时候已经从里面锁上了门，但家里安装的锁只是最普通的锁，没有任何防盗功能，很容易就能打开，而她的邻居们有的出门度假，有的在上班，没有人在。

塞克夫人惊恐不已，她马上回到桌边拿起电话给正在上班的丈夫打过去："你快回来，门口有坏人正在撬门！"

丈夫马上回答道："好的，我这就回去。"

3分钟后，门口传来敲门声和丈夫的声音："是我，你还好吗？"

塞克夫人再次趴在猫眼上向外看，丈夫正站在门口，静静地等着开门。

塞克夫人高兴地想要开门，但是她突然想到了什么，不但没有开门，反而将门口的隔断柜拖过来顶住门，然后迅速打电话报了警。

请问，塞克夫人想到了什么？

【推理分析】

她想到了时间问题。丈夫从接电话到来到门口只用了3分钟。这点时间从小区门口到楼上的时间都不够，而丈夫却安静地站在门口。那么正在上班的丈夫是从哪里过来的呢？

## 216. 穿越海岸线

【案件回放】

农历七月下旬一天的下午3点钟左右，艾敏来到海边，打算沿着前一天两点多就查看过的海岸线走到另一个区去，这样既可以欣赏海边的风景，又可以锻炼身体，还可以抄近路到达目的地。而且路程也不是很远，只要大概1个小时就可到达。但是今天，她走了近两个小时，才到达目的地。是退潮了吗？但是根据她的了解，3点钟还不到退潮时间。

这是怎么回事？

【推理分析】

实际上，海水每天涨潮和退潮的时间都是不一样的。以农历为时间参照，上半个月的涨潮和退潮时间是逐渐推迟的，每天都会推迟大概48分钟；而下半个月的时间是提前的，每天都会提前大概48分钟。所以，艾敏到大海边时其实已经退潮了，海岸线也变长了，这样她在原定的时间里自然就到不了目的地了。

## 217. 穿越的传真

【案件回放】

11月19日那天，多丽斯因为工作需要接收了一份发自国外的传真。但这份传真让她大吃一惊，因为，传真的日期是11月20日。她反复向对方核对过，日期没有错。

难道这是一份穿越了的传真吗？

【推理分析】

传真当然不会穿越。根据国际日期变更线的原理，国际日期变更线向东，增加一日，反之，则减少一日。而多丽斯和发送传真的人处于国际日期变更线的两侧，所处的日期自然不是一天。

## 218.“美人鱼”失踪

**【案件回放】**

马上就是美人鱼表演时间了，而美人鱼扮演者蕾蕾却不见了。海洋馆工作人员帮着找了很长时间，最后只在淋浴房发现了一些血迹。

工作人员判断蕾蕾是出意外了，就报了警。

警方来了以后检验了那摊血迹，证实确实是蕾蕾的，看来，蕾蕾真的出事了。种种迹象表明，蕾蕾出事的时间是早晨7点左右。随后，警方调查了现场的所有监控，发现蕾蕾早晨7点钟时就走进了海洋馆，后来就没有见她出来过。除此之外，警方没有发现其他人曾经从海洋馆出来过，海洋馆的其他人也没有任何异常之处。照顾鳄鱼的人一如既往地在7点30分给鳄鱼喂食，照顾海豚的人照旧在6点30分的时候给海豚检查身体、清理海豚居所，其他小型海洋动物也都逐渐活跃起来。也就是说，蕾蕾一定还在海洋馆里。但是除了那摊血迹，蕾蕾好像凭空消失了一样。

警方仔仔细细检查了海洋馆，最后，他们终于发现了蕾蕾的踪迹。

你知道蕾蕾到哪里去了吗？

**【推理分析】**

凶手杀人后将尸体分解喂给了鳄鱼，在众人的眼皮底下毁掉了尸体。在整个海洋馆中，也只有照顾鳄鱼的人有时间和条件处理尸体。

## 219. 冬天的埃菲尔铁塔

【案件回放】

作为巴黎的地标性建筑，埃菲尔铁塔自然备受瞩目，其建造工艺、设计理念得到了世界性的认可。可是，有一年冬天，人们注意到埃菲尔铁塔变矮了，也变得歪斜了。过了一段时间，人们发现埃菲尔铁塔又恢复了正常的高度。

这是怎么回事?

【推理分析】

绝大多数物体都有热胀冷缩的现象。埃菲尔铁塔也不例外，也会随着季节和温度发生变化。冬天气温低，铁塔受冷就会收缩，等到天气变暖了，铁塔又会慢慢伸展开来。

## 220. 雨后的交通肇事案

【案件回放】

雨后的傍晚，一位年轻妈妈从幼儿园接回自己的孩子，两人手牵手走在路边。突然，一辆电动车从身后飞速驶过，撞倒了母子，血当场就溅了出来。车主只是回头看了看，就骑着车碾过血迹飞快地跑了。附近的交警马上打电话叫了救护车，并安排人送母子俩去医院，然后骑上车向车主逃逸的方向追去。雨后，车主逃逸的方向上，有一段必经的正在修的路泥泞不堪。交警下车徒步跑过这段路，坐上接应的警车，很快便看到几辆相似的电动车正在行驶。交警一一观察，很快就确定了肇事车主，并将其拦截。

请问，交警是怎么判断谁是肇事车主的？

**【推理分析】**

经过现场的电动车的车轮上沾有血迹，车主就会想办法清理车子，因而车子相对其他车子而言就会显得更干净。

## 221. 约定时间

**【案件回放】**

麦克瑞在路边等车的时候，不慎丢失了自己的包。他的包里有几万美元的现金、10万美元的支票，还有公司的重要印章、文件等，于是，他当时就报了警。

在警察的帮助下，他在各大媒体上发布了寻物启事。两天后，他接到一个电话，对方声称："你的包在我这里，但是你要给我10000美金作为交换，18点的时候将钱放在某超市的36号储物柜里，否则我就烧了这些物品。"

麦克瑞非常着急，他马上准备好钱，在便衣警察的陪同下来到对方说的地点，那是火车站附近的一个超市，来来往往的人非常多。根据他们的观察，在那个时间段里一共有三个人使用过那个储物柜。经调查，三人的身份如下：

A. 一名铁路工作人员

B. 公交车司机

C. 超市营业员

你知道哪个人才是敲诈麦克瑞的人吗？

【推理分析】

一般来说，除非是职业习惯，否则人们在说时间的时候往往都是按照12小时制进行的，即下午6点，就说是6点，而不会说是18点。而铁路工作人员在工作的时候通常使用24小时制，久而久之形成了习惯，生活中也会这样用。这三个人中只有铁路工作人员习惯于使用24小时制，所以他的嫌疑最大。

## 222. 渴望过周末

【案件回放】

彼得最近工作异常繁忙，已经连续4天加班到凌晨3点。这天，他又一次加班后顶着一对大大的黑眼圈走进办公室，用力使自己摊在椅子上后，彼得看了看日历，忍不住感叹道："如果昨天是明天就好了，那我今天就可以过周五，明天休息。"请问，今天是周几？

【推理分析】

昨天、今天、明天会有种相对性。彼得希望"今天"过周五，那么今天就不是周五。依据题意，只有当“今天”是周三或周日时才能满足彼得的要求。

## 223. 旅行目的地

**【案件回放】**

林莫一家去环游欧洲，他们按照预定的计划环绕欧洲旅行一圈，最后在一个城市停下来，打算在这里逗留一周。他们凌晨2点18分下了飞机，找到酒店一直睡到12点19分；中午，他们在城市里又玩了一会儿；19点05分，他们在当地最大的餐厅享受了一顿地道的西餐；21点19分，他们回到酒店，打算早点休息，以便为第二天的旅行养精蓄锐。事实上，如果将26个英文字母与他们的作息时间的数字一一对应，排列组合后就是他们所在的城市的名字。

你知道他们在哪个城市吗？

**【推理分析】**

他们在布鲁塞尔。2点18分对应B、R；12点19分对应L、S；19点05分对应S、E；21点19分对应U、S，排列组合后就是Brussels。

## 224. 郁金香下的秘密

**【案件回放】**

王先生发了奖金后选择将奖金存起来当私房钱。他在家中观察了很久，决定将钱藏在客厅阳台上的郁金香中的一盆里。但郁金香正在开花期，为了不伤到花，他便买了一盆可以以假乱真的开放了的仿真花放在客厅的阳台上，然后将私房钱藏在花盆里，还给它浇了水，声称自己偶然发现了新品种的郁金香。

谁知当晚他的妻子就发现不对劲，一检查便发现了盆底的秘密。

妻子是怎样发现藏在郁金香花盆中的秘密的?

**【推理分析】**

郁金香是一种白天花瓣打开、晚上花瓣合上的花，这种现象其实就是植物睡眠现象。倘若处在开花期，假的郁金香晚间花瓣不会合上，而真的郁金香的花瓣则会合在一起，王先生的妻子只要细心观察就会发现郁金香的秘密，进而发现藏在郁金香花盆中的秘密。